Análisis y control de la desviación presupuestaria del producto editorial

María José Sorlózano González

Análisis y control de la desviación presupuestaria del producto editorial
© María José Sorlózano González

1ª Edición

© IC Editorial, 2024

Editado por: IC Editorial
c/ Cueva de Viera, 2, Local 3
Centro Negocios CADI
29200 Antequera (Málaga)
Teléfono: 952 70 60 04
Fax: 952 84 55 03
Correo electrónico: iceditorial@iceditorial.com
Internet: www.iceditorial.com

ISBN: 978-84-1184-453-6
Depósito Legal: MA 2567-2024

Impresión: PODiPrint
Impreso en Andalucía – España

Nota de la editorial: IC Editorial pertenece a Innovación y Cualificación S. L.

Presentación del manual

El **Certificado de Profesionalidad** es el instrumento de acreditación, en el ámbito de la Administración laboral, de las cualificaciones profesionales del Catálogo Nacional de Cualificaciones Profesionales adquiridas a través de procesos formativos o del proceso de reconocimiento de la experiencia laboral y de vías no formales de formación.

El elemento mínimo acreditable es la **Unidad de Competencia.** La suma de las acreditaciones de las unidades de competencia conforma la acreditación de la competencia general.

Una **Unidad de Competencia** se define como una agrupación de tareas productivas específica que realiza el profesional. Las diferentes unidades de competencia de un certificado de profesionalidad conforman la **Competencia General,** definiendo el conjunto de conocimientos y capacidades que permiten el ejercicio de una actividad profesional determinada.

Cada **Unidad de Competencia** lleva asociado un **Módulo Formativo,** donde se describe la formación necesaria para adquirir esa **Unidad de Competencia,** pudiendo dividirse en **Unidades Formativas.**

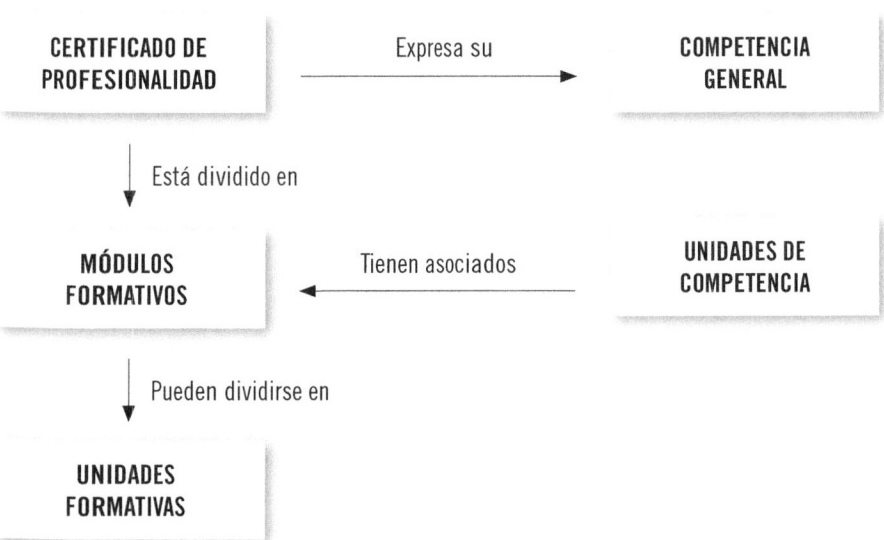

El presente manual desarrolla la Unidad Formativa **UF0255: Análisis y control de la desviación presupuestaria del producto editorial,**

perteneciente al Módulo Formativo **MF0206_3: Gestión de la fabricación del producto gráfico,**

asociado a la unidad de competencia **UC0206_3: Gestionar la fabricación del producto gráfico,**

del Certificado de Profesionalidad **Producción editorial.**

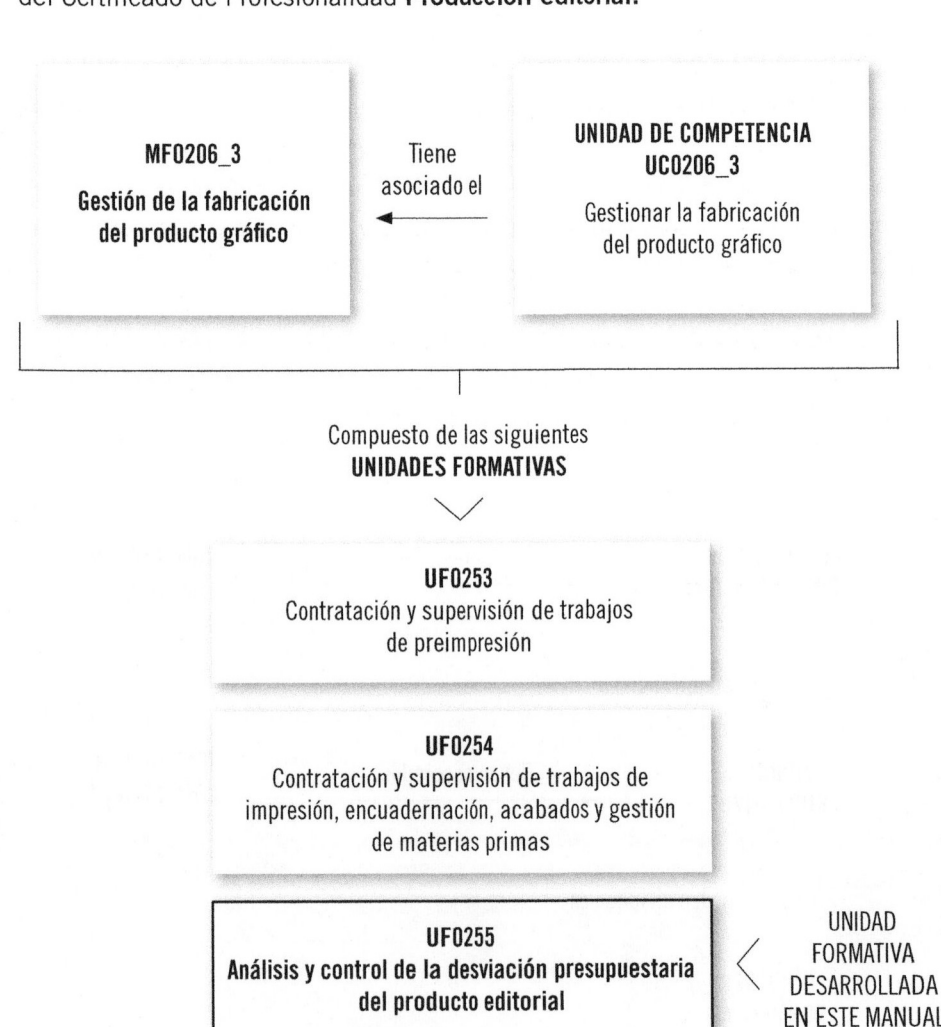

Índice

Capítulo 1

Desviación de costes

Contenido

1. Introducción

La contabilidad externa hace un registro de todas las transacciones realizadas, entre ellas las ventas, pero, ¿cómo se determina el precio? La contabilidad interna se encarga de ello, calculando todos los costes del proceso productivo hasta que el producto llega al cliente; al igual que la contabilidad externa es un proceso con finalidad informativa para que la dirección de la empresa pueda tomar la decisión más acertada.

La principal diferencia entre ambas radica en su presentación y publicidad: la contabilidad externa sigue los preceptos impuestos por el Plan General Contable y debe ser presentada de manera obligatoria y pública en el registro mercantil correspondiente; y la contabilidad interna es privada y está relacionada con la competitividad de la empresa, de ahí el carácter de su privacidad.

La contabilidad de costes va más allá y desglosa las desviaciones con respecto a la previsión inicial, indicando en qué partida se ha producido el error y en qué cantidad, recalculando de nuevo la imputación de costes por producto.

Estos y otros temas serán desarrollados a lo largo del presente capítulo, donde se estudiará el cálculo y la interpretación de las principales desviaciones y su solución y registro, para evitarlas en procesos posteriores. Además, se tratarán algunas de las incidencias más comunes con clientes y su tratamiento para evitar dañar la imagen de la empresa.

2. Presupuesto inicial

El presupuesto integra y coordina distintos departamentos o áreas de la empresa para expresar en términos económicos los gastos e ingresos de un periodo, necesarios para llegar al objetivo propuesto en el proceso de planificación. Debe incluir la cantidad y el coste de los recursos empleados, comenzando con la materia prima y pasando por todo el proceso productivo (recursos humanos, servicios de profesionales independientes, gastos de investigación, distribución, *marketing,* etc.).

Las principales funciones del presupuesto son las de control económico y de desviaciones. Con ello se consigue una mejor asignación de los recursos disponibles y la posible subsanación de errores antes de que sean más perjudiciales para el proceso.

 **Importante**

La elaboración de presupuestos no solo atañe a empresas, familias y gobiernos también hacen una gran labor de planificación. Los Presupuestos Generales del Estado constituyen la planificación de gastos para el país y el reparto de recursos.

El proceso presupuestario surge de la planificación empresarial donde se distinguen tres etapas:

- **Planificación estratégica:** es la planificación de los objetivos generales y grandes líneas de actuación para periodos de más de un año. Comprende objetivos estratégicos, planes de *marketing* generales, imagen de empresa e introducción en nuevos mercados.
- **Planificación operativa:** planificación más específica que la estratégica, donde se detallan objetivos y planificación referidos a centros de trabajo o áreas concretas de la empresa. El desarrollo de esta planificación es más detallado y es donde aparecen los presupuestos. Ejemplos de planificación operativa serían los objetivos de ventas para un año, el lanzamiento de un determinado producto o la apertura de un nuevo centro.
- **Planificación diaria:** son los planes de la actividad rutinaria de la empresa, como la agenda diaria de cualquier empleado, la planeación de sus funciones y el desarrollo de su puesto.

 **Ejemplo**

El objetivo de la empresa es extenderse en el mercado asiático. La planificación a tres niveles podría ser:

I Plan estratégico: introducción en el mercado asiático en los tres próximos años mediante centros y agentes comerciales periféricos. Conocimiento de la marca mediante publicidad y alianza con las principales distribuidoras de la zona.

I Plan operativo: apertura de dos centros de trabajo, uno en zona norte y otro en el sur, donde se centralicen todas las funciones. El número de empleados inicial en cada uno de ellos será de diez, incluyendo gerentes, administrativos e ingenieros. A su vez, se creará una red de comerciales externos propios del país que puedan usar sus contactos para la expansión. Su retribución se establecerá en función de sus ventas aunque también tendrán un fijo mensual independiente del nivel de ventas.

I Plan diario: las funciones del gerente de cada centro serán las de control administrativo y económico del propio centro, reportando informes semanales sobre la actividad y conclusión de objetivos. Asimismo, controlará la actividad de los comerciales externos, que tendrán que reportarle informes mensuales con sus objetivos.

Se puede decir que los presupuestos constituyen una herramienta de planificación operativa. Tradicionalmente eran usados solo como método de planificación de costes, aunque actualmente se utilizan como medios de gestión y control de la empresa que ayudan a conseguir los objetivos.

El presupuesto tiene como principales funciones:

■ Contribuye a la consecución de objetivos. No recoge intenciones sino objetivos concretos y cuantificables.

■ Controla la actividad empresarial. Esta acción también se aplica a otros ámbitos de la empresa pero el presupuesto la evalúa de forma numérica.

■ Asigna los recursos de la empresa de forma eficiente.

■ Mantiene estabilizada la empresa, previendo diferencias entre fuentes de ingreso y gasto que pueden generar una crisis.

■ Establece y casa los periodos de pagos y cobros convenientemente para que no se produzcan problemas de liquidez temporales.

- Determina las necesidades de personal con antelación para que la empresa pueda hacer las gestiones necesarias para las contrataciones.
- Establece una fuente de retroalimentación eficaz para futuros objetivos de la empresa.
- Refuerza la contabilidad externa suministrándole información adicional.

 Recuerde

La contabilidad externa está estandarizada y es igual para todas las empresas. Las compañías deben aplicar el Plan General Contable en la llevanza de sus cuentas y presentar las cuentas anuales de forma pública en función de los principios establecidos. La contabilidad interna, por el contrario, se lleva a cabo según criterios de la propia empresa y es confidencial, ya que determina el precio de sus productos y su rentabilidad, entre otros conceptos.

2.1. Fases del proceso presupuestario

Con carácter general las fases del proceso presupuestario son:

Programación

Fase donde se determinan las acciones que se van a llevar a cabo a lo largo de todo el periodo tratado en el presupuesto. Se establece qué se va a producir, cuándo se va a hacer y qué recursos requerirá esta acción que habrá que conseguir fuera o que ya están en poder de la empresa.

Programar el presupuesto implica hacerse las siguientes preguntas:

- ¿Qué objetivos tiene la empresa?
- ¿Qué acciones necesita para conseguirlos?
- ¿Qué recursos son necesarios?
- ¿De cuáles dispongo?
- ¿Cuáles hay que conseguir fuera?

Formulación

Es la concreción de la programación anterior de forma que queden definidos todos los gastos e ingresos y su uso en la ejecución del plan presupuestario. Requiere de cierta preparación técnica y es donde aparecen los costes estándares o históricos.

Los primeros son costes calculados en base a hipótesis y la empresa debe realizar un estudio previo para determinarlos. Las variables que influyen en su cálculo van en función del tipo de coste. Por ejemplo, el coste de materia prima iría en función de la cantidad y del precio y de los posibles descuentos que se obtengan por volumen; la mano de obra está determinada por el número de trabajadores necesarios para realizar una labor y el precio de hora de trabajo establecido en el convenio colectivo.

Por el contrario, los costes históricos son reales, la empresa los conoce porque ya se han producido. Sirven de base para calcular los costes estándar junto con valoraciones de expertos y conocimiento del sector. Cuando se desarrollan productos nuevos no existen costes históricos, usándose solo el resto de fuentes de información.

El coste directo estándar de un producto está determinado por dos variables: estándar técnico y estándar económico. El estándar técnico está compuesto por el número previsto de recursos para producir una unidad de producto acabado. El estándar económico es el precio previsto por unidad de recurso. El producto entre ambos estándares determina el coste directo total del producto teniendo en cuenta todos los recursos que en él intervienen.

 **Ejemplo**

El siguiente ejemplo ilustra la obtención del coste directo del producto Z:

Materia prima 1: Estándar técnico X Estándar económico
Materia prima 2: Estándar técnico X Estándar económico
Materia prima 3: Estándar técnico X Estándar económico
Mano de obra 1: Estándar técnico X Estándar económico
Mano de obra 2: Estándar técnico X Estándar económico

Coste directo total unitario del producto Z

Aprobación

El proceso presupuestario interviene en todos los ámbitos de la empresa de ahí la importancia de su elaboración y desarrollo. Su aprobación debe ser consensuada por los dirigentes de la compañía.

Ejecución

Es la puesta en funcionamiento del presupuesto en sí. Este desarrollo se realiza asignando pagos e ingresos para cada periodo. No existe un periodo único aplicable a todas las empresas. El tiempo lo determinará la empresa según sus necesidades. Habrá presupuestos anuales, trimestrales o mensuales, entre otros.

Cuando se hace referencia a mano de obra, los periodos suelen ser mensuales ya que las nóminas tienen esta periodicidad, aunque también existen presupuestos de esta materia con carácter anual.

Los presupuestos de materias primas y existencias también suelen presentar una periodicidad mensual porque son elementos con alta rotación dentro de la empresa.

 **Definición**

Elementos de alta rotación
Son aquellos que permanecen en la empresa menos de un año. Suelen ser materias primas, productos en curso, suministros, productos acabados, consumibles, etc.; y su uso es muy continuo en la empresa, de ahí su reposición constante.

Para los ingresos se procede de la misma forma. La empresa debe conocer la periodicidad de estos, si tienen carácter estacional, si los clientes tienen pagos aplazados que impidan hacer el cobro de la totalidad de la deuda, etc.

En la siguiente tabla se presentan ejemplos de gastos e ingresos corrientes en empresas a tener en cuenta en la elaboración del presupuesto.

PRINCIPALES GASTOS E INGRESOS	
GASTOS	**INGRESOS**
- Materias primas	
- Suministros (agua, electricidad, gas, internet, etc.)	
- Servicios de profesionales independientes (abogados, asesores, electricistas, etc.)	- Ventas de productos
- Otros servicios anexos	- Ventas de servicios
- Cuotas de préstamos (capital e intereses)	- Subvenciones
- Nóminas	- Donaciones
- Impuestos	- Ingresos por arrendamientos
- Arrendamientos	

Para la delimitación periódica de gastos e ingresos es importante conocer:

- Que las ventas pueden haberse realizado aunque el pago se haga de forma aplazada.
- Los factores estacionales que hagan que las ventas solo se produzcan en determinados meses.

■ La negociación que se haya hecho con los proveedores. Al igual que antes se ha podido realizar la compra, pero se ha aplazado el pago varios meses.

Evaluación

En la evaluación se comprueba la consecución de las metas descritas en el presupuesto. Si se han producido desviaciones también son detectadas en esta fase. La evaluación se realiza en tres subfases: análisis de los resultados, identificación de los problemas y establecimiento de medidas correctivas. En la identificación se compara el resultado obtenido con el planteado y se busca el origen del error. Por último, la aplicación de medidas correctivas es la concreción de pautas que hagan posible llegar al objetivo inicial.

 Actividades

1. Comente qué otros gastos se podrían incluir en un presupuesto y utilice el Plan General Contable si es necesario.
2. Señale qué elementos son necesarios para determinar el coste estándar de materia prima.

2.2. Principales presupuestos

No existe un modelo de presupuesto único y aplicable a todas las compañías. Cada empresa determinará los presupuestos que realiza en función de sus necesidades, aunque existen algunos bastante genéricos usados por la mayoría de entidades, como los presupuestos de ventas, de compras, de mano de obra y de costes de amortización.

Presupuesto de ventas

El presupuesto de ventas constituye una previsión de ventas y debe incluir la cantidad y el precio de estas. Para establecer el precio es necesario saber los costes del producto imputados por unidad y el margen que se lleva la empresa en la transacción. El horizonte temporal dependerá de las necesidades de la empresa. En empresas con grandes volúmenes de facturación suelen ser mensuales; en otras cuyas ventas tengan carácter estacional se determinarán en función de esa periodicidad (trimestral, por temporada, etc.).

El pronóstico de ventas es el precedente del presupuesto de ventas donde se determina la conveniencia o no de desarrollar el presupuesto. El pronóstico de ventas estima el nivel de ventas futuras según dos variables principales: la demanda del mercado y la cuota que la empresa obtiene en el sector. Ambas variables son determinadas por el departamento de *marketing*.

La cuota de mercado de una empresa es el porcentaje de sus ventas sobre el total del mercado en ese país o a escala global, dependiendo de la internacionalización del sector. Para determinarla deben conocerse las ventas totales del sector y las propias y establecer el porcentaje de participación de la empresa en la cuota total.

Para calcular la demanda de mercado existen varios métodos, pero los más utilizados son las encuestas a consumidores, pruebas de productos, consultas a expertos o personal de ventas dentro de la compañía y la retroalimentación. Todos ellos aportarán información sobre la demanda total del producto.

Las encuestas determinan el porcentaje de población que estaría dispuesto a comprar el producto. También determinaría la frecuencia y por tanto la cantidad de producto vendido.

Las pruebas son lanzamientos de productos en una zona durante un periodo de tiempo que ayudan a conocer la respuesta del consumidor.

La retroalimentación o *feedback* son datos históricos disponibles en la empresa que pueden ayudar a hacer previsiones. Normalmente para calcular las ventas del próximo año se usan datos del año anterior incrementados en algún porcentaje. Las causas más comunes de ventas mayores son incrementos en consumo o aumentos en publicidad. Esta incluye la contratación de más comerciales, la distribución en otros puntos de venta o presencia en medios audiovisuales y prensa.

Ejemplo

Una aplicación de *feedback puede ser:* si la empresa tuvo el año pasado una cuota de mercado del 8 % durante el inicio de la actividad escolar, este año se prevé el mismo porcentaje incrementado en un 2 % por mayor inversión en publicidad.

Es importante diferenciar los aumentos en consumo totales del mercado que son genéricos y que afectan a todo el sector y los aumentos de ventas específicas de cada empresa, que están relacionados con su cuota de mercado (mayor presencia) y su inversión en publicidad. Los aumentos en el consumo por sí mismos aumentan las ventas pero no la cuota de mercado, que sí se ve afectada por mayores inversiones en publicidad (la empresa se hace más notable y capta más ventas del sector).

Presupuesto de ventas				
		Formación	Clásicos	Novedades
Distribuidora A	Precio	22,23 €	9,23 €	19,87 €
	Cantidad	3154	234	2567
	Total	70.113,42 €	2.159,82 €	51.006,29 €
Distribuidora B	Precio	22,23 €	9,23 €	19,87 €
	Cantidad	2234	456	2345
	Total	49.661,82 €	4.208,88 €	46.596,15 €
Tienda Online	Precio	21,01 €	8,31 €	19,21 €
	Cantidad	615,4	123,9	789,3
	Total	12.929,55 €	1.029,61 €	15.162,45 €

Ejemplo de presupuesto de ventas donde se han tenido en cuenta tres canales de distribución y el precio medio por producto

 Aplicación práctica

Su compañía se prepara para el próximo año y es necesario realizar el presupuesto de ventas. Los datos suministrados por el departamento de *marketing* en base a sus estudios y pronósticos son:

I El número de unidades previsto para vender es de 20500 a un precio medio de 22,32 euros la unidad. Las ventas totales serían de 457560 euros.

I El 32 % del total de unidades vendidas correspondería con el inicio del curso escolar (septiembre), el 16 % al mes de diciembre y otro 16 % en marzo, coincidiendo con la participación en varias ferias del libro.

I El resto de ventas se repartiría equitativamente durante todo el año.

I Las ventas de libros escolares se realizan a distribuidoras con pago aplazado a dos meses. El resto de ventas se realizan al contado.

Realice el presupuesto de ventas mensual utilizando una hoja de cálculo si lo necesita.

SOLUCIÓN

El posible cuadro de presupuesto con desglose mensual sería el siguiente:

	VENTAS TOTALES			VENTAS APLAZADAS	VENTAS AL CONTADO
	Unidades	Precio unitario	Total		
ENERO	820	22,32	18302,40 €	-	18302,40 €
FEBRERO	820	22,32	18302,40 €	-	18302,40 €
MARZO	3280	22,32	73209,60 €	-	73209,60 €
ABRIL	820	22,32	18302,40 €	-	18302,40 €
MAYO	820	22,32	18302,40 €	-	18302,40 €
JUNIO	820	22,32	18302,40 €	-	18302,40 €
JULIO	820	22,32	18302,40 €	-	18302,40 €
AGOSTO	820	22,32	18302,40 €	-	18302,40 €
SEPTIEMBRE	6560	22,32	146419,20 €	146419,20 €	-
OCTUBRE	820	22,32	18302,40 €	-	18302,40 €
NOVIEMBRE	820	22,32	18302,40 €	-	18302,40 €
DICIEMBRE	3.280	22,32	73209,60 €	-	73209,60 €
TOTALES	**20500**	**22,32**	**457560,00 €**	**146419,20 €**	**311140,80 €**

Continúa en página siguiente >>

<< Viene de página anterior

El total de ventas está calculado teniendo en cuenta el precio unitario y el número de unidades previsto a vender. Las ventas de marzo serían el 16 % de las unidades totales vendidas (20500), las de septiembre el 32 % y las de diciembre el 16 % de la misma cantidad. Al resto de meses le correspondería el 4 %, resultado de dividir el 36 % restante de unidades (100-32-16-16) entre los nueve meses que quedarían del año.

Presupuesto de compras

Una vez determinado el presupuesto de ventas es necesario fijar la cantidad a producir teniendo en cuenta las existencias iniciales en almacén y las finales. Se recomienda ajustar bien estas cantidades para no tener problemas de aprovisionamiento que comprometan el compromiso de entrega de los productos a los clientes. Retener demasiado tiempo las mercancías y materias primas en almacén tampoco es recomendable porque aumentan los costes de almacenaje.

	Enero	Febrero	Marzo
EXISTENCIAS INICIALES			
Poesía			
Narrativa			
Ediciones coleccionista			
PRODUCCIÓN			
Poesía			
Narrativa			
Ediciones coleccionista			
(PRODUCTOS VENDIDOS)			
Poesía			
Narrativa			
Ediciones coleccionista			
EXISTENCIAS FINALES DE PRODUCTOS			

Presupuesto con existencias iniciales, producción y ventas de productos finales para tres meses correspondientes a tres líneas de productos editoriales

Presupuesto de mano de obra

La mano de obra es otro coste imputable al producto que se debe tener en cuenta en los presupuestos. Tal como se indicó anteriormente, se mide por número de trabajadores necesarios para componer una unidad de producto y el coste por hora de estos. El presupuesto de mano de obra permite prever con antelación las necesidades de personal, y de esta forma se hacen las contrataciones necesarias. Al igual que con otros recursos, el exceso de personal ocasiona gastos innecesarios a la compañía.

	Enero			Febrero			Marzo		
	Uds.	Precio	Total	Uds.	Precio	Total	Uds.	Precio	Total
MANUALES PROFESIONALES									
Horas de ingenieros técnicos									
Horas de oficiales de 1ª									
Horas de oficiales de 2ª									
Horas de peones									
LIBROS DE TEXTO									
Horas de ingenieros técnicos									
Horas de oficiales de 1ª									
Horas de oficiales de 2ª									
Horas de peones									
TOTAL									

Presupuesto de mano de obra para dos productos, manuales profesionales y libros de texto, con distintas categorías de trabajadores según su coste por hora

Actividades

3. Explique por qué es recomendable que queden algunas existencias finales de materias primas o productos en almacén.
4. Señale qué hechos provocan aumentos en las ventas previstas.

Presupuesto de costes de amortización

Este presupuesto tiene en cuenta costes fijos que se caracterizan porque siempre se producen independientemente del nivel de ventas. Incluyen las amortizaciones de bienes de inversión, como maquinaria, elementos de transporte, edificios, enseres y cualquier elemento que permanezca en la empresa más de un año.

La amortización es la depreciación natural de bienes por el uso, paso del tiempo u obsolescencia. Contablemente son gastos aunque no impliquen una salida real de dinero. A medida que se deprecian, se va generando un fondo disponible para sustituir los bienes una vez que se hayan depreciado totalmente.

Los métodos más habituales de depreciación van en función del tiempo transcurrido, aunque existen otros que se realizan según las horas de funcionamiento o producción. Algunos de los más comunes son:

- **Método lineal o de cuota fija.** Cada periodo se amortiza la misma cantidad. El total de periodos es la vida útil del elemento.

$$\text{Cuota de amortización} = \frac{\text{Valor inicial} - \text{Valor residual}}{\text{Vida útil}}$$

- **Método del tanto fijo sobre una base amortizable decreciente.** Se aplica un porcentaje fijo cada año a la cuota que queda por amortizar.
- **Método de los números dígitos.** La fórmula es la siguiente:

$$\text{Cuota}_n = (\text{Valor inicial} - \text{Valor residual}) \frac{n}{\sum \text{Vida útil}}$$

■ **Método de amortización por unidad de producto elaborada:**

$$Cuota_n = \frac{(Valor\ inicial - Valor\ residual)\,A_n}{T}$$

Donde A_n es la producción de ese año y T es la producción total de su vida útil.

	Enero		Febrero		Marzo	
	Dotación a la amortización	Amortización acumulada	Dotación a la amortización	Amortización acumulada	Dotación a la amortización	Amortización acumulada
Máquina empaquetado						
Máquina sellado						
Impresora láser						
Impresora BB						
Carretilla elevadora						
Prensadora						
Furgoneta						
Camión 1						
Edificio distribución						
Nave empaquetado						
TOTAL						

Ejemplo de presupuesto de amortizaciones para un trimestre

Ejemplo

La máquina remachadora tiene una vida útil de 10 años y su precio de adquisición fue de 2500 euros. Se estima un valor residual en 150 euros. El método de amortización es el lineal: (2500 - 150) / 10 = 235 de cuota de amortización cada año.

La máquina empacadora tiene una vida útil de 30000 horas, de las cuales 2800 corresponden a este año. Su precio de adquisición fue de 4500 euros y su valor residual es

Continúa en página siguiente >>

<< Viene de página anterior

despreciable. El método de amortización va en función de las unidades producidas u horas de funcionamiento:

$$Cuota = \frac{(4500-0)2800}{30000} = 420 \; de \; cuota \; de \; amortización \; para \; este \; año$$

3. Desviaciones

Los presupuestos constituyen una herramienta imprescindible en la gestión de cualquier área de la empresa, de hecho son el primer paso dentro del control presupuestario. Una vez comparados los presupuestos con la gestión real de la empresa pueden percibirse las desviaciones. Un adecuado control presupuestario posibilita que las desviaciones sean percibidas a tiempo de ser subsanadas.

Esquema general de funcionamiento de presupuestos

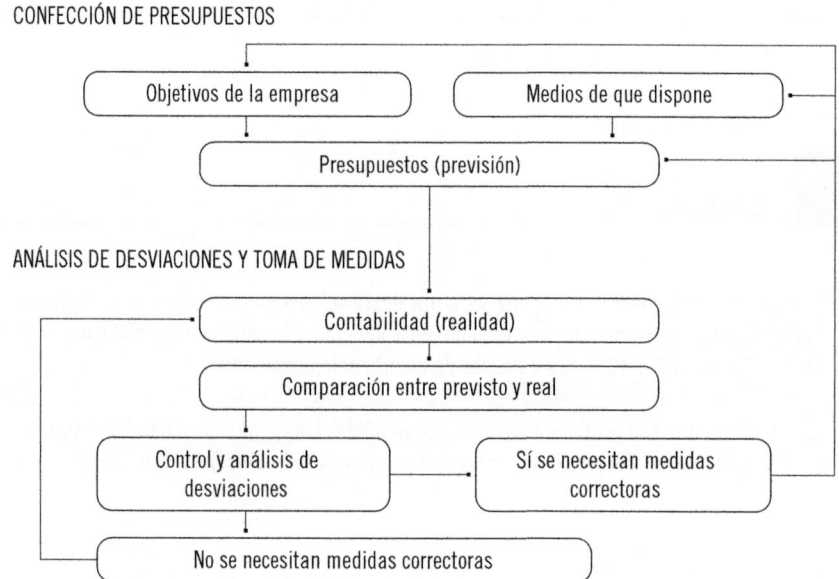

La comparación de resultados siempre se realiza según las necesidades de la empresa, aunque lo más habitual es hacerla con las cuentas de pérdidas y ganancias y balances trimestrales obtenidos de la contabilidad real. Otros análisis se centran en aspectos más específicos, como son los costes fijos, los variables, las existencias de materias primas y las ventas. Este tipo de análisis suministra una información más detallada y específica, haciendo posible identificar más claramente el foco de desviación.

Para desarrollar este análisis es necesario clasificar los costes. Es necesario estudiar y comprender dos tipos básicos de clasificación: **costes fijos y variables** versus costes **directos e indirectos**.

La primera clasificación hace referencia a la propia naturaleza de los costes y a su uso en la empresa.

Costes fijos

Son los que se producen en la empresa independientemente del nivel de producción. Serían los gastos de alquiler o las amortizaciones lineales de elementos fijos. Existen algunos casos donde el coste puede ser semifijo, como es el gasto en personal, donde el personal permanente es fijo y las contrataciones anexas a través de empresas de trabajo temporal serían variables.

Los costes semifijos tienen la naturaleza de fijos pero crecen a saltos según el nivel de actividad. Por ejemplo, los costes por alquiler de equipos, que puede tener un coste fijo por alquiler mensual junto con cargos adicionales por el tiempo de uso de ese equipo.

Costes variables

Aumentan o disminuyen según la producción de la empresa. Serían las materias primas, los suministros, el gasto en electricidad, gastos de transporte, etc.

A su vez, los costes variables se clasifican en:

- Costes proporcionales: que aumentan proporcionalmente según el nivel de actividad de la empresa. Por ejemplo, la mercancía dispuesta para la venta.
- Costes progresivos: que aumentan más que proporcionalmente al incrementarse la actividad. Por ejemplo, el pago de horas extraordinarias. Los sueldos y salarios suelen ser costes fijos, pero es habitual contratar a más personal cuando se aumenta la producción o que los mismos trabajadores hagan horas extras. Estas horas adicionales serían costes variables progresivos, ya que asumen una doble cotización que no presentan las horas normales.
- Costes degresivos: son los que disminuyen cuando la producción aumenta. Por ejemplo, gasto de transporte disminuye mientras mayor número de productos se envíen, el precio disminuye con respecto al precio unitario del envío.

Los costes semivariables presentan una parte fija y otra variable, como el suministro de electricidad que paga un mínimo fijo y otro en función del consumo.

La segunda clasificación, **costes directos e indirectos,** es más técnica, haciendo referencia a la forma de imputación de los costes a los productos o centros de coste.

Sistema de costes

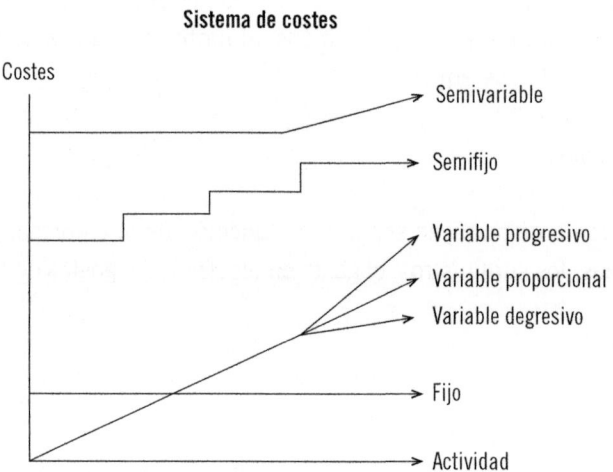

Costes directos

Son aquellos cuya imputación al producto es inequívoca y directa, como las materias primas. La no fabricación del producto o la prestación del servicio implican que el coste no se diera.

Costes indirectos

Para imputarlos a los productos es necesario establecer reglas de reparto ya que son costes generales asumidos entre distintos centros de coste o productos. La no fabricación del producto o prestación del servicio implica la asunción del coste ya que también se da en otros puntos de la empresa. Los gastos en administración serían un ejemplo de coste indirecto siempre que estén dedicados a varios productos o servicios de la empresa.

Los sistemas de costes son los métodos que utiliza la empresa para conocer los costes en los que está incurriendo. Existen diversos métodos en función del objeto de coste, que puede ser producto, sección o actividad. El método estudiado en el presente manual analiza los costes por productos donde se tienen en cuenta solo los costes directos. Los modelos por secciones y por actividades (modelo ABC) imputan la totalidad de los costes, incluyendo costes por administración, comercialización, investigación y desarrollo entre otros. El modelo por secciones atribuye directamente los costes directos y divide por secciones los indirectos, donde después se aplica otro criterio de reparto para asignarlos al producto (proporcionalmente a los ingresos, proporcionalmente a otro coste, etc.). El modelo ABC es una continuación del anterior donde se hace un nuevo reparto, y las secciones anteriores son divididas en actividades consumidoras directas de coste. Este sistema pretende establecer una relación de causalidad directa entre los costes indirectos y las tareas necesarias para llegar al cliente, eliminando actividades que no añaden valor al producto final.

 **Actividades**

5. Calcule la cuota de amortización para el mobiliario de su empresa, si se compró por 3500 euros con una vida útil de 10 años y valor residual de 400. Averigüe si se puede aplicar un método que tenga en cuenta la producción.
6. Señale qué tipo de coste es la amortización y encuádrelo dentro de las dos clasificaciones estudiadas.

3.1. Desviaciones en costes fijos

La desviación en costes fijos tiene dos vertientes. Es desfavorable cuantitativamente cuando los costes reales son mayores que los previstos, y se produce una deficiencia en los recursos que la empresa tendrá que absorber. El exceso de coste deberá ser nuevamente imputado al precio del producto o será considerado como un gasto adicional sin imputar para no modificar precios. Un ejemplo de este tipo sería el aumento de base salarial para el personal fijo de una empresa o una subida inesperada en el alquiler de las instalaciones.

En segundo lugar, la desviación en costes puede producirse de manera cualitativa. En este caso, la empresa está asumiendo un coste fijo de producción superior a la capacidad utilizada. Como ejemplos, el pago del alquiler de un local que no se está utilizando o maquinaria en desuso. A nivel de cálculo, las empresa no tendrían que hacer cambios pero deberían plantearse no seguir con esos activos fijos infrautilizados, que están generando unos gastos innecesarios.

El cambio, la desviación es favorable si los costes fijos calculados son mayores que los reales. La entidad debe tener en cuenta los cambios para procesos de cálculo futuros.

A nivel de cálculo, el coste fijo debe ser repartido entre productos o centros de coste para poder imputarse.

Actividades

7. Por razones organizativas su empresa decide externalizar uno de los procesos que venía haciendo, para el cual usaba varios elementos fijos: una empaquetadora y un compresor industrial. Señale qué coste sigue asumiendo la empresa por dichos elementos y qué destino podrían tener.
8. Comente qué tipo de coste es el pago a una empresa de mensajería que cobra por kilometraje y peso del paquete.

3.2. Desviaciones de costes variables

Las desviaciones de costes variables tienen dos vertientes: una parte corresponde a la cantidad (desviación técnica) y la otra al precio (desviación económica). También es posible una desviación mixta en la que confluyan los dos factores.

Los factores que determinen la desviación irán en función de la naturaleza del coste. Por ejemplo, si tenemos coste de mano de obra directo con trabajadores contratados por empresas de trabajo temporal, las desviaciones pueden ser técnicas si se produce una huelga, absentismo laboral o falta de formación que haga que los trabajadores no rindan lo suficiente. Si la empresa aplica un coste por hora superior, la desviación es económica.

Otro ejemplo sería el uso de embalajes. Si estos son de mala calidad o vienen defectuosos, la desviación será técnica, mientras que un cambio en el precio es desviación económica.

Las desviaciones permiten ser cuantificadas siempre que se conozcan el número de unidades de recurso y su precio de forma predefinida (coste estándar).

Las siguientes fórmulas facilitan los cálculos de desviaciones en recursos variables y directos:

P = precio real

P' = precio estándar

q = cantidad real

q' = cantidad estándar

Desviación global = (p' x q') - (p x q)

Desviación técnica = (q' x p) - (q x p) = (q' - q) x p

Desviación económica = (q x p') - (q x p) = (p' - p) x q

Desviación mixta = (p' x p) x (q' x q)

 Ejemplo

La empresa tiene establecido el estándar de 0,5 horas de mano de obra por unidad producida. El pago es de 12 unidades monetarias por hora. Las unidades producidas son 3500, pero se necesitaron 2000 horas de mano de obra ya que los trabajadores no poseían experiencia. La desviación teniendo en cuenta los costes previstos y reales es:

Coste previsto	Coste real	Desviación
3500 u × 0,5 h/u × 12 um = 21000 um	2000 h × 12 um = 24000 um	21000 um -24000 um = -3000 um

La desviación es técnica y desfavorable. El precio por hora no varía pero sí la cantidad de horas de mano de obra, que resultó ser mayor a la prevista, por lo que la empresa está incurriendo en costes mayores.

Si se hace el desglose de la desviación se tiene:

Desviación técnica	Desviación económica	Total
((0,5 h/u × 3500 u) - 2000 h) × 12 um/h = -3000 um	No existe	-3000 um

 **Recuerde**

El desglose de las desviaciones posibilita más información para la toma de decisiones que la suministrada por las cuentas anuales, ya que en estas solo aparece el importe total. Si se conoce el origen de la desviación pueden tomarse medidas más acertadas en búsqueda de soluciones.

3.3. Desviaciones de materia prima

La materia prima presenta las mismas características que el elemento anterior, ya que es otro coste variable directo.

La desviación puede ser técnica si se han producido errores en el suministro (ha venido menos cantidad o alguna está defectuosa) o económica si se ha producido algún error o cambio en el precio previsto. En este sentido pueden haber cambios favorables por descuentos que efectúe el proveedor.

 Nota

Cuando se hacen cálculos de desviaciones sobre el mismo número de unidades producidas se está ante presupuestos flexibles.

 Ejemplo

Una empresa comercializa varios productos de los cuales solo uno presenta un único coste variable directo. Los estándares por unidad de producto son:
1 embalaje: 2,5 um (unidades monetarias).

Continúa en página siguiente >>

<< Viene de página anterior

Los datos reales presentados por la empresa son:
Unidades de producto producidas: 350
Embalajes comprados: 370 a 2,7 um.
La desviación teniendo en cuenta los costes previstos y reales es:

Coste previsto	Coste real	Desviación
350 u × 2,5 um = 875 um	370 u × 2,7 um = 999 um	875 um - 999 um = -124

La desviación es mixta y desfavorable. Los dos elementos, técnico y económico, han variado. La desviación técnica se produce porque se necesitan más embalajes de los que se calcularon inicialmente, el motivo podría ser que algunos estaban defectuosos o que sufrieron algún desgaste durante el proceso que hizo necesario cambiarlos. La desviación económica está motivada por un cambio al alza en el precio de los embalajes, que encarece el producto final.

Si hacemos el desglose de la desviación se tiene:

Desviación técnica	Desviación económica	Total
(350 u - 370 u) × 2,5 um = -50	(2,5 um - 2,7 um) × 370 u = -74	(-50) + (-74) = -124

Actividades

9. Calcule la siguiente desviación. El coste estándar de mano de obra es de 0,5 horas por unidad de producto a 7 unidades monetarias (um) la hora de servicio prestado. Se han producido 1200 unidades que han necesitado de 230 horas de mano de obra a 7,2 um la hora.
10. Señale si la desviación anterior es técnica o económica.

3.4. Desviaciones de cantidad

Las desviaciones en ventas pueden producirse por cambios en la cantidad de ventas previstas o cambios en precios. Se pueden calcular globalmente o descomponiendo ambos factores, tal como se indica en el siguiente ejemplo.

Los cambios en el precio pueden deberse a la aplicación de promociones o a que el producto no resulte competitivo con el precio inicial.

 **Ejemplo**

Las ventas previstas son:
2500 unidades a 5 um cada una.
Los datos reales presentados por la empresa son 2650 unidades a 4,8 um por unidad.
La desviación teniendo en cuenta las ventas previstas y reales es:

Coste previsto	Coste real	Desviación
2500 u × 5 um = 12500 um	2650 u × 4,8 um = 12720 um	12500 um -12720 um = -220

La desviación es mixta y desfavorable. Los dos elementos, técnico y económico, han variado, pero el incremento en las ventas no ha compensado la bajada de precio.

Si se hace el desglose de la desviación se tiene:

Desviación técnica	Desviación económica	Total
(2500 u - 2650 u) × 5 um = -750	(5 um - 4,8 um) × 2650 u = 530	-750 + 530= -220

Actividades

11. Señale si son posibles las desviaciones técnicas y económicas positivas y cómo afectan a la empresa.
12. Ponga algún ejemplo de desviación positiva.

Los cambios en la cantidad vendida responden a una demanda inferior a la esperada. Si son positivos, el producto ha tenido una gran aceptación y ha habido que suministrar más cantidad, hecho que provoca nuevos cambios en todos los conceptos vistos (cantidades de materia prima, mano de obra y otros recursos).

¿Cuándo son rentables los pedidos adicionales? Son deseables siempre y cuando puedan ser atendidos con la capacidad productiva instalada (máquinas e instalaciones). Esta fabricación adicional requiere que sean cubiertos solo los costes variables que se generen (materias primas), ya que los fijos son los que viene soportando la empresa y ya han quedado cubiertos con la producción inicial.

En el momento en que los pedidos adicionales sobrepasen la capacidad productiva, a la empresa no le resultan rentables. Necesita invertir en equipos nuevos cuando la demanda no es constante, lo que implica un riesgo bastante alto en la inversión.

Es difícil predecir la cantidad exacta de ventas de un producto. Normalmente las empresas compensan unos productos con otros haciendo que la rentabilidad global sea positiva, aunque haya productos con rentabilidad individual negativa. De ahí las promociones de productos que incluyen la compra de varios de ellos. La empresa pierde en el margen de algunos, pero el precio final es más atractivo para el consumidor y la rentabilidad global para la empresa es positiva.

La siguiente cuenta de resultado ejemplifica lo anterior:

Columna1	Producto A	Producto B	Producto C	Total
Ventas	112.345 €	345.678 €	30.600 €	488.623 €
Costes variables	46.256 €	123.456 €	30.800 €	200.512 €
Costes fijos	12.000 €	34.789 €	12.456 €	59.245 €
Resultado	54.089 €	187.433 €	-12.656 €	228.866 €

3.5. Aplicación práctica

La editorial para la que colabora ha decidido ampliar sus funciones e imprimir directamente algunos de los manuales en los que trabaja. Es la primera vez que tienen que calcularse costes y desviaciones desde el inicio del proceso productivo, ya que esta función estaba subcontratada. Los estándares calculados son los siguientes:

- 5 unidades de papel a 3 um/ud.
- 3 unidades de cartón a 4,5 um/ud.
- 0,5 horas de mano de obra a 16,5 um/h.

La producción real ha sido de:

- 1500 unidades.
- 7500 unidades de papel a 3,2 um/ud.
- 5500 unidades de cartón a 4,5 um/ud.
- 800 horas de trabajo a 15 um/h.

¿Se han producido desviaciones? *A priori,* ¿de qué tipo son? Calcúlelas e interprete el resultado.

Solución

Sin hacer cálculos se sabe que se han producido desviaciones económicas en el papel y en la mano de obra por el cambio de precios. Existen desviaciones técnicas en el cartón ($3 \times 1500 = 4500 < 5500$) y en las horas totales de mano de obra ($0,5 \times 1500 = 750 < 800$).

Las desviaciones desglosadas son las siguientes:

PAPEL

Desviación global	
$(5 \times 1500 \times 3) - (7500 \times 3,2) = -1500$	
Desviación técnica	**Desviación económica**
No existe, se gasta la cantidad prevista	$(3 - 3,2) \times 7500 = -1500$

CARTÓN

Desviación global	
$(3 \times 1500 \times 4,5) - (5500 \times 4,5) = -4500$	
Desviación técnica	**Desviación económica**
$((3 \times 1500) - 5500) \times 4,5 = -4500$	No existe, el precio se mantiene

MANO DE OBRA

Desviación global	
$(0,5 \times 1500 \times 16,5) - (800 \times 15) = 375$	
Desviación técnica	**Desviación económica**
$((0,5 \times 1500) - 800) \times 15 = -750$	$(16,5 - 15) \times 750 = 1125$

La desviación global del proceso es de -5625. Ha habido desviaciones desfavorables en todos los productos salvo en mano de obra, donde el precio ha resultado ser menor al previsto. Sin embargo, la cantidad no es suficiente y la fabricación del producto ha resultado ser más cara de lo que se preveía.

4. Escandallos

En el contexto empresarial, un escandallo es un cálculo detallado de los costes asociados en la producción de un producto o realización de un servicio. Son unos cálculos fundamentales para la toma de decisiones financieras informadas.

Para precisar el precio del producto es necesario que hayan quedado definidos todos los recursos que la empresa ha necesitado para su elaboración. Además, esta imputación debe hacerse por unidad de cada producto. Los elementos tenidos en cuenta para el cálculo son:

- Materias primas.
- Embalajes.
- Suministros (energía eléctrica, gas, internet, combustibles, etc.).
- Productos incorporables (piezas suministradas independientemente).
- Mano de obra (personal fijo y permanente directo).
- Personal de dirección.
- Personal de administración.
- Personal de distribución.
- Costes de distribución.
- *Marketing.*
- Alquileres.
- Amortización de elementos fijos.

 Actividades

13. Señale si es factible establecer precios en función de los que tiene la competencia.
14. Comente si podrían incluirse en el precio los servicios de profesionales independientes.

Seguidamente, la empresa añade su margen de beneficio. Existen diversas fórmulas matemáticas para establecer el precio de los productos. La más utilizada es la siguiente:

$$Precio = \frac{CV(unitario) + \dfrac{CF}{n^{o}\ unidades}}{1 - MB}$$

Donde:

CV = Coste variable unitario
CF = Costes fijos
MB = Margen bruto de beneficio

 Ejemplo

Los costes fijos mensuales son de 1500 euros y los costes variables unitarios son de 22 euros. La empresa está obteniendo un margen del 35 % en sus transacciones y ha estimado vender 3500 unidades de producto para el próximo año. El precio imputable a cada unidad de producto es:

$$Precio = \frac{22 + [(1500 \times 12)/3500]}{1 - 0,35} = 41,76$$

Independientemente de los cálculos efectuados, existen otros factores que afectan al precio, como son la competencia, restricciones legales, el ciclo de vida del producto y la estrategia de la empresa.

Son muchos los mercados donde el precio está determinado por la competencia ya que no venderían si este es superior. La elección de este método puede implicar vender sin margen o bajo coste para captar cuota de mercado. Esta opción siempre es personal y solo factible para un periodo de tiempo. Es aplicada por empresas que pueden recuperar la rentabilidad perdida con la venta de otros productos o servicios o que pueden soportar una rentabilidad negativa para obtener más presencia en el mercado.

En algunos mercados como el de la energía o combustibles el precio está regulado y los distribuidores tienen un margen de precio que no pueden rebasar.

Los precios pueden variar en función del ciclo de vida del producto. Este se compone de tres etapas: nacimiento, donde el producto es novedoso, son pocas las compañías que lo venden y su precio es alto; la maduración o desarrollo, donde hay más competencia y los precios se estabilizan; y el declive, donde el producto ya no tiene demanda, son pocas las compañías que siguen en el sector y los precios se mantienen o incluso pueden subir cuando ya son muy pocas empresas las que ofrecen el producto.

El precio constituye una estrategia de *marketing* más con la que las empresas juegan para captar más consumidores. Tal como se ha comentado antes, cuando un producto es considerado exclusivo y novedoso, su precio es elevado. Por el contrario, cuando han aparecido productos similares con mejores prestaciones, el precio suele bajar.

Sea cual sea la estrategia de la empresa, es importante conocer qué elementos componen el precio y saber hasta qué límite es ventajoso o no establecer un precio u otro.

 Aplicación práctica

Superlibro SL se dedica a la edición y comercialización de libros en gran formato con estándares de calidad bastante altos, destinados a solo una parte del gran público, coleccionistas sobre todo, sector que últimamente está en declive. Es por ello que la empresa se ha planteado editar y comercializar libros de bolsillo con un coste menor.

Continúa en página siguiente >>

<< Viene de página anterior

Una vez realizados todos los cálculos, el departamento de costes obtiene la siguiente información:

I **Coste variable unitario: 5,30.**
I **Costes fijos mensuales: 1500.**
I **Unidades de producto: 2500.**

La empresa suele aplicar un margen de beneficio del 30 % y la competencia tiene precios entre 10 y 12 euros por el mismo producto

¿Qué precio debe tener el producto para que sea rentable? ¿Es factible ese precio? ¿Qué alternativas tiene la empresa?

SOLUCIÓN

El precio adecuado para que el producto sea rentable es:

$$Precio = \frac{5,3 + [(1500 \times 12)/2500]}{1 - 0,3} = 17,85$$

El precio no es competitivo teniendo en cuenta los que tienen las otras compañías. Para bajarlo a 12 euros la empresa tendría que prescindir de su margen aunque esta opción no es la mejor. Se la podría plantear en caso de obtener grandes márgenes con los otros productos y siempre que sea una situación temporal hasta tener presencia en el mercado.

Los recursos utilizados, además de determinar el precio, definen la calidad final del producto a través de los costes de escandallo. Estos se definen como medidas puntuales de materiales utilizados en la elaboración de cualquier producto usando muestras aleatorias. Estos estudios comprueban que la producción se está desarrollando según las especificaciones impuestas por los clientes o por la propia empresa en base a sus criterios de calidad. Las mediciones se hacen a todos los materiales, incluidas en la fabricación durante distintas etapas del proceso productivo. Normalmente, la empresa usa tablas con intervalos de cada material donde debe situarse la medida del producto; además, se establecen puntos críticos mínimos y máximos no permitidos. Las pruebas son efectuadas con la periodicidad que estime la empresa y según el ámbito en el que actúe. En la elaboración de productos alimenticios es habitual realizar varias pruebas por cada tirada. No suelen ser tan frecuentes en los productos editoriales, pero sí debe llevarse un control de cara a la calidad final del producto.

 Ejemplo

La siguiente tabla muestra los intervalos entre cuyas medidas deben situarse las mediciones de cada componente de producto. En este caso, se trata la elaboración de libros de alta calidad en papel con portadas duras y sobrecubierta. Además, se incluyen observaciones adicionales en la terminación final.

Elemento	Intervalo	Observaciones
Cartón para portada	50 g (por portada)-54 g (por portada)	Comprobar la uniformidad del cartón. Esquinas no dobladas.
Hojas	1,2 g-1,5 g	Comprobar la calidad estándar del papel utilizado (100 g/m). Condiciones: tersura, arrugas, etc.
Sobrecubierta	3 g-3,5 g	Comprobar la calidad final (colores, tersura, arrugas, etc.).
Tinta	1,5 g-1,7 g	Comprobar la calibración de la máquina y nivel de inyección de tinta.
Hilo	2,1 g-2,4 g	Comprobar el color.

5. Imputación de las desviaciones

Hasta ahora se ha cuantificado el coste de cada producto desde el momento de su concepción hasta la venta. Los datos numéricos sirven para la toma de decisiones, pero en esta intervienen otros factores. La satisfacción del cliente no es una medida cuantificable pero afecta a la continuidad de la empresa, y es evidente que una empresa con clientes insatisfechos no se prolongaría demasiado en el tiempo.

La contabilidad de costes también busca dar unos estándares de calidad al menor coste posible aplicando índices de eficiencia.

5.1. Clientes

Durante el proceso de fabricación y venta pueden darse distintos errores que dependiendo de su naturaleza serán percibidos o no por el cliente. Estos errores e incidencias son de tipo interno o externo.

Los de **tipo interno** son fallos que el cliente no es capaz de percibir pues se subsanaron con antelación. Dentro de la propia empresa, estos fallos se traducen en más carga de trabajo para los operarios, desmotivación, prisas, mayor exposición a accidentes y depresiones, despilfarro de recursos, altercados y derivación de responsabilidades en la cadena de mando.

La empresa ha apreciado esos errores y los ha subsanado, aunque ello implicara mayores costes en materias primas, consumibles y mano de obra adicional, siempre y cuando se haga en tiempo y forma adecuados.

Los **errores de tipo externo** sí son percibidos por el cliente. En estos casos los costes para la empresa son mayores ya que debe reponer los productos tal como se pidieron, además de hacer frente a reclamaciones e indemnizaciones. La insatisfacción del cliente es otro factor adicional aunque no cuantificable monetariamente que puede comprometer la imagen de la empresa.

 Actividades

15. Averigüe qué repercusión tiene para una empresa la continua entrega de mercancía defectuosa y cómo podría reparar el error.
16. Señale si podría imputarse al precio que paga el cliente a errores del proveedor.

5.2. Incidencias

Los fallos vistos anteriormente al no ser percibidos por el cliente se tratarán como incidencias. Pueden ser de cualquier tipo, siempre y cuando sean subsanados antes de ser entregados los productos.

Las más comunes son:

- Fallos de empaquetado.
- Errores en etiquetas.
- Etiquetas no correspondientes al producto.
- Fallos de impresión.
- Envases erróneos.
- Mala calidad en las materias primas.
- Materias primas erróneas.
- Fechas erróneas.

Todas ellas son subsanables aportando más recursos y más mano de obra, por ello son cuantificables.

El resto de consecuencias de carácter interno ya tratadas (prisas, desmotivación, carga de trabajo, incidencias en la cadena de mando, etc.) no son cuantificables pero afectan a la empresa igualmente ya que repercuten en los tiempos de ejecución y en el ambiente laboral en general.

5.3. Errores

Los errores son aquellos fallos que llegan hasta el cliente y que afectan a la imagen de la empresa. Los más usuales son:

- Materias primas defectuosas.
- Mala calidad del producto en general.
- Mal empaquetado.
- Envases rotos.
- Fechas erróneas.
- Información del producto errónea.

- Fallos en las cantidades entregadas.
- No entregar la mercancía en plazo.
- Mercancía en mal estado a consecuencia del desplazamiento.
- Pago de indemnizaciones.
- Reclamaciones.
- Descuentos por demoras en las entregas.

Al igual que antes, todos los anteriores son errores cuantificables que la empresa puede prever y remediar. Las peores consecuencias son la mala imagen y la poca profesionalidad percibida por el cliente que se deriva de dichos errores.

A priori las medidas que la empresa suele implementar para evitar incidencias y errores son de tipo interno. Las más habituales son la búsqueda de nuevos proveedores, externalización de procesos, eliminación de segmentos de negocio y reorganizaciones y asignaciones de responsabilidades.

Cuando los errores e incidencias se producen de manera muy frecuente con origen en las materias primas, la empresa debe plantearse la posibilidad de buscar nuevos suministradores y sustituir a los anteriores. No es una mala opción, aunque esto último dé lugar a unos estándares de calidad mayores, con precios más altos, pero se evita que haya que fabricar de nuevo. Una nueva producción no solo implica nuevos costes en materias primas sino también en mano de obra y desgaste de equipos.

La externalización de procesos implica la subcontratación de servicios anexos, como el de distribución o fabricación de conjuntos incorporables. Es valorable siempre y cuando se aseguren unos estándares de calidad adecuados, el precio sea competitivo y la actividad no sea estratégica o principal para la empresa. Con la subcontratación se darían los mismos errores pero la responsabilidad sería de la empresa subcontratada, que debería corregirlos y asumir los costes.

Definición

Conjuntos incorporables
Son elementos o piezas construidos fuera y adquiridos por la empresa para incorporarlos a su proceso productivo sin ninguna transformación.

La eliminación de productos o segmentos de negocio es factible siempre que la rentabilidad aportada no sea alta, el producto no sea clave para el objeto social de la compañía y los errores sean recurrentes. Para comprobar la viabilidad se recurre a la cuenta de resultados, donde se eliminan las cuentas referentes al producto y se observa el nuevo resultado.

Venta grandes clásicos	56.568 €	56.568 €
Costes variables grandes clásicos	21.400 €	21.400 €
Costes fijos grandes clásicos	12.000 €	12.000 €
Resultado grandes clásicos	23.168 €	23.168 €
Ventas novedades	23.400 €	23.400 €
Costes variables novedades	9.856 €	9.856 €
Costes fijos novedades	5.000 €	5.000 €
Resultado novedades	8.544 €	8.544 €
Ventas infantil	34.600 €	-- €
Costes variables infantil	27.670 €	-- €
Costes fijos infantil	12.000 €	-- €
Resultado infantil	5.070 €	-- €
RESULTADO DE LA EMPRESA	26.642 €	31.712 €

La primera columna de cifras muestra el resultado de la empresa teniendo en cuenta los tres productos editoriales y la segunda no incluye la sección infantil. La rentabilidad total en esta es mayor ya que dicho producto ofrecía pérdidas que eran recuperadas por los otros productos que sí ofrecen beneficios altos.

La reorganización y asignación de responsabilidades implica crear departamentos con puestos de responsabilidad bien definidos donde cada proceso tenga un responsable directo. En cierto sentido puede implicar mayor presión para los responsables, pero evitaría fallos ya que un coste o proceso sin responsables se descontrolaría fácilmente.

 ## Aplicación práctica

Edita S. L., dedicada a la publicación de material didáctico, tiene suscrito un contrato de colaboración con una de las universidades más importantes del país, suministrando material a distintos departamentos. Edita S. L. suele confeccionar e imprimir todo lo que produce, pero su cliente le propuso un sistema de encuadernación especial para el cual no disponía de los medios suficientes, por lo que subcontrató el servicio con una imprenta especializada. El primer servicio suministrado fue satisfactorio, pues la partida que se pidió no fue de gran tamaño, pero en los dos sucesivos se han producido retrasos y la calidad no ha sido lo que se esperaba. Por suerte Edita S. L. tenía margen de entrega y el cliente no resultó afectado.

Evalúe las distintas alternativas propuestas en el tema y su conveniencia para la solución del caso.

SOLUCIÓN

La primera alternativa sería la de cambiar de empresa subcontratada por otra que fuera más eficiente, aunque esto implicaría el mismo riesgo ya que tampoco se conoce a la otra. Además, habría que tener en cuenta la duración del contrato y condiciones que se tiene con la actual para no resultar perjudicado con el cambio.

No se contempla la posibilidad de eliminar la línea de negocio ya que no ha incurrido en pérdidas y no conviene en ningún caso perder un cliente de tal envergadura.

Edita S. L. podría estudiar la posibilidad de desarrollar ella misma todo el proceso invirtiendo en la maquinaria necesaria, siempre teniendo en cuenta los costes adicionales y el periodo de amortización junto con la duración del contrato con la universidad y su posible renovación.

6. Sistemas de control

El objetivo prioritario es dar el producto y servicio al cliente y evitar lo máximo posible cualquier incidencia o error. Esto no siempre se produce, por lo que la empresa debe instaurar sistemas de calidad que minimicen y resuelvan los errores e incidencias.

La implantación de un sistema de calidad parte de las siguientes premisas:

- Ofrecer el mejor producto y servicio al cliente.
- Aportar un método de trabajo a los integrantes de la compañía en base a unos estándares de calidad.
- Alimentar la buena imagen de la empresa posicionándola como un referente en el mercado.

Como contrapartida el sistema de calidad tiene un coste directo. La empresa necesitará destinar más recursos a corto plazo para su implantación, pero a largo plazo los costes totales se verán reducidos ya que el sistema evitará incidencias y errores.

Los costes iniciales del sistema incluyen:

- Formación específica a trabajadores o contratación de expertos en la materia.
- Formación a su vez del resto de trabajadores en las nuevas pautas de calidad.
- Diseño del plan de calidad (materias primas y procesos).
- Homologaciones y certificaciones.

Una vez implantado, los costes se reducen bastante concretándose en:

- Ensayos de materiales.
- Supervisión de procesos.
- Inspección de materias primas.
- Mantenimiento del sistema.
- Auditorías.

 **Actividades**

17. Señale qué beneficios aporta un sistema de calidad.
18. Comente si el sistema de calidad podría ser suministrado por una empresa externa.

Además de la implantación del sistema de calidad, la empresa elabora archivos con información sobre incidencias y errores que faciliten la corrección de procesos futuros. Son también útiles los informes de incidencias y ratios detallados en el último epígrafe.

6.1. Archivos de errores e incidencias

Para facilitar la corrección de errores se crean archivos con informes sobre las incidencias y errores posteriores. La periodicidad suele ser mensual, aunque este criterio puede cambiar según las necesidades de la empresa. Los informes deben incluir datos de materias primas, costes variables y fijos de todo tipo (administración, gestión, suministros y distribución), así como cualquier otra anotación que complemente el proceso. También es habitual incluir el responsable de la sección o proceso, la causa del fallo y su desglose si vino por una desviación, posibles soluciones al problema y la efectividad de las medidas correctivas si se pusieron en práctica.

El registro de informes será una valiosa fuente de información que la empresa use como retroalimentación con el objetivo de mejorar todos los procesos y como justificación en caso de fallos más graves donde se busquen responsables.

Ejemplo

Como consecuencia de un cambio en el empaquetado de tubos de encuadernación, la empresa ha recibido menos materia prima. El pedido debe estar listo para las próximas horas pero se produce una incidencia, no hay materia suficiente para la encuadernación completa.

El informe sería el siguiente:

Incidencia	Causa	Desviación	Medidas correctoras	Observaciones	Responsable
Pedido no finalizado	Empaque de materias primas: menos unidades de tubos de encuadernación	Desviación técnica: mala gestión en compras, cambio de catálogos	Compra de más materia prima para completar pedido	Los nuevos envases de tubos de encuadernación traen 20 unidades	Jefe de compras

6.2. Normas a clientes

Las encuestas y los ratios de satisfacción dan información cuantitativa sobre el servicio que se está dando al cliente. Dichos indicadores permiten conocer la evolución en la mejora del servicio y la actuación del sistema de calidad. Que los índices bajen progresivamente muestra que la empresa está haciendo una buena gestión en los pedidos que redundará en aspectos no cuantitativos como la imagen corporativa.

Dos de los ratios más utilizados son los que miden el número de incidencias y reclamaciones sobre el total de pedidos:

- Incidencia en clientes: $\dfrac{\text{Número de incidencias}}{\text{Pedidos totales}}$

- Reclamaciones de clientes: $\dfrac{\text{Número de reclamaciones}}{\text{Pedidos totales}}$

A diferencia de los ratios que muestran información sobre el total de clientes insatisfechos que han efectuado reclamaciones, las encuestas recaban información más detallada tanto de clientes que efectuaron reclamaciones como de aquellos que no lo hicieron. La información suministrada será más específica porque las preguntas partirán directamente de la compañía. Lo habitual es conocer la valoración del sistema de distribución, la entrega del pedido, la calidad del producto y del embalaje y el servicio posventa.

 Aplicación práctica

El caso es el siguiente, las cajas que contienen las novedades editoriales para este trimestre destinadas a uno de los distribuidores han llegado con códigos de barras poco visibles, provocando que no puedan ser leídos por los lectores. El cliente ha devuelto toda la mercancía, pidiendo que sea empaquetada de nuevo con los códigos legibles. Indagando el origen del problema se ha determinado que fue la tinta usada, que resultó no ser compatible. Para volver a empacar se ha tenido que sustituir la tinta haciendo una nueva compra.

¿Qué tipo de fallo ha ocurrido en la empresa? Como jefe del departamento de compras elabore el informe de la incidencia.

SOLUCIÓN

Se trata de un error ya que ha afectado a la entrega directa del cliente y este ha sido partícipe.

Un posible informe podría ser:

Error	Causa	Desviación	Medidas correctoras	Observaciones	Responsable
Fallo en empaquetado	Poca legibilidad en códigos de barras por uso erróneo de tinta	Podría haber desviación económica si el cambio de tinta implica cambio de precio	Compra de nueva tinta	El cliente pide que el pedido sea empaquetado de nuevo y entregado correctamente	Jefe de compras

7. Resumen

Los presupuestos constituyen una herramienta eficaz para la gestión de la empresa ya que determinan y organizan todos los elementos de la producción, haciendo posible la detección de errores antes de que el problema se agrave. Los presupuestos suelen incluir el precio, que también se ha determinado teniendo en cuenta todos los costes del proceso productivo.

El departamento de costes es el encargado de definir los costes anteriores y de comparar los resultados obtenidos con lo presupuestado, detectando en qué punto del proceso hubo desviaciones y en qué cantidad. Con toda esta información, la dirección de la empresa puede volver a determinar el precio o el nuevo margen de resultado, así como desarrollar estrategias para evitar que esas desviaciones se produzcan de nuevo.

Algunos de los métodos de actuación más usuales en caso de desviaciones o incidencias con clientes son el cambio de proveedores de materias primas, la externalización de tareas y la supresión de productos.

Todas las gestiones anteriores tienen el objetivo de dar el mejor servicio al cliente, haciendo que no se produzcan demoras en la entrega, taras o desperfectos o cualquier incidencia que comprometa las relaciones comerciales futuras con el cliente o la imagen general de la empresa.

Ejercicios de repaso y autoevaluación

1. **Indique si son verdaderas o falsas las siguientes frases:**

    a. La mala calidad de las materias primas nunca podría ser un error apreciable por los clientes.

          ☐ Verdadera
          ☐ Falsa

    b. El presupuesto plasma la planificación estratégica de la empresa.

          ☐ Verdadera
          ☐ Falsa

    c. El presupuesto simplemente constituye una relación de ingresos y gastos correspondientes a un periodo.

          ☐ Verdadera
          ☐ Falsa

2. **El sistema de calidad de la empresa...**

    a. ... no requiere de homologaciones ya que es propio de cada compañía.
    b. ... requiere un gran desembolso inicial pero no mantenimiento.
    c. ... busca la satisfacción del cliente.
    d. ... no puede ser implantado por personal de la empresa.

3. **En la determinación del precio una vez calculados los recursos necesarios...**

    a. ... solo se tienen en cuenta los costes de producción directos, como materia prima y suministros.
    b. ... se tienen en cuenta todos los gastos del proceso productivo.
    c. ... no se añade el margen que se lleva la empresa, esto siempre lo determina la competencia.
    d. ... siempre se usa la fórmula: $Precio = \dfrac{CV(unitario) + \dfrac{CF}{n^{\circ}\ unidades}}{1 - MB}$

4. Los costes variables...

a. ... son progresivos cuando aumentan proporcionalmente según el nivel de actividad de la empresa.
b. ... son inversos cuando disminuyen mientras la producción aumenta.
c. ... varían en función de la actividad.
d. ... se producen siempre independientemente del nivel de producción.

5. La desviación en costes fijos...

a. ... es favorable cuando solo afecta a un centro de coste.
b. ... es desfavorable cuantitativamente cuando los costes reales son mayores que los presupuestados.
c. ... se produce en raras ocasiones pues los gastos fijos están siempre fijados con anterioridad.
d. ... no es necesario calcularla ya que la imputación se hace siempre al mismo producto.

6. ¿Cuál de las siguientes frases es correcta?

a. Los costes semifijos presentan una parte fija y otra que varía en función de la actividad.
b. Los costes degresivos aumentan cuando la producción disminuye.
c. Los costes proporcionales aumentan proporcionalmente con la producción.
d. Las respuestas b y c son correctas.

7. ¿Cuál de las siguientes frases es correcta?

a. Los costes directos se imputan directa e inequívocamente al producto o servicio al que se refieran.
b. Para determinar los costes indirectos es necesario aplicar reglas de reparto ya que su origen no es específico.
c. Los costes indirectos pueden ser fijos o variables.
d. Todas las respuestas anteriores son correctas.

8. ¿Cuál de las siguientes frases es incorrecta?

    a. Las desviación en un coste variable puede deberse a un cambio en el precio presupuestado.
    b. La desviación en un coste variable puede deberse a un cambio en la cantidad usada de materia prima.
    c. Las desviaciones en costes variables pueden ser técnicas o económicas.
    d. Las desviaciones en costes variables pueden ser cualitativas o cuantitativas.

9. El método de determinación del precio basado en los de la competencia es:

    a. Factible cuando la empresa busca cuota de mercado.
    b. Factible cuando la empresa busca reconocimiento de marca.
    c. Factible cuando la empresa pueda soportar la venta bajo coste de algunos de sus productos.
    d. Todas las respuestas anteriores son correctas.

10. Los errores frente a clientes...

    a. ... no constituyen más coste para la empresa ya que normalmente no son subsanados.
    b. ... solo están relacionados con fallos en las entregas.
    c. ... pueden ser de cualquier tipo siempre que afecte al producto o servicio entregado al cliente.
    d. Todas las respuestas anteriores son incorrectas.

11. Clasifique los siguientes costes en función de los dos parámetros vistos en el capítulo: directos o indirectos y fijos o variables.

COSTE	DIRECTO	INDIRECTO	FIJO	VARIABLE
Amortización de maquinaria usada para varios productos				
Materias primas				
Sueldo de director general				
Energía eléctrica				
Sueldo de jefe de producto				
Amortización de fábrica monoproducto				

12. Relacione los siguientes costes con su tipo:

    a. Tarifa plana de consumo telefónico por tramos.
    b. Materia prima.
    c. Horas extraordinarias.
    d. Amortización de la maquinaria por cuotas constantes.

    __ Fijo.
    __ Semifijo.
    __ Variable progresivo.
    __ Variable proporcional.

13. ¿Qué tipo de desviaciones ofrecen los siguientes casos?

    ▪ Cambio de precio en materias primas.
    ▪ Cien embalajes defectuosos en un pedido.
    ▪ Cambio en el precio del alquiler de maquinaria.
    ▪ Absentismo laboral en trabajadores contratados por empresas de trabajo temporal.

14. ¿Qué costes iniciales conlleva la implantación de un sistema de calidad en la empresa?

_____
_____
_____
_____

15. ¿Qué ventajas aporta la externalización de procesos en cuanto a desviaciones?

_____
_____
_____
_____

Capítulo 2
Mercado del sector editorial

Contenido

1. Introducción

La era del capitalismo y la creciente globalización tienen un claro efecto en la sociedad en numerosos aspectos, y uno de ellos es el fomento de las industrias culturales donde está inmerso el sector editorial. Las sociedades demandan en mayor medida productos culturales de naturaleza intangible destinados a usos profesionales y recreativos, cuyo conocimiento tiene mayor expansión gracias al uso de nuevas tecnologías de la información.

Como contrapartida a la demanda en el sector se encuentran la piratería y la penetración de productos audiovisuales que amenazan la actividad y minoran la cuota de mercado de los productos editoriales más tradicionales.

Pero no todas las dificultades a las que *a priori* se enfrenta el sector son siempre desventajas. Si se hace un buen análisis de la situación y se detectan las necesidades potenciales podrían ofrecerse productos que cubrieran dichas necesidades produciéndose un profundo cambio tecnológico en los géneros editoriales.

A continuación, se van a estudiar los segmentos que integran el sector editorial, los mercados en los que opera y los tipos de clientes más habituales. También se tratará el concepto de producto estrella y se analizará la competencia. Con todo ello, se tendrá una visión amplia del sector para poder orientar el producto al cliente concreto en el mercado ideal con el objetivo de alcanzar mayores cuotas de venta.

2. Segmentos/sector

La actividad económica de cualquier país está dividida en tres sectores principales que son: primario, secundario y terciario. El sector primario incluye actividades forestales, agrícolas, ganaderas, pesca y extracción de minerales. Estos productos son utilizados como materia prima para el sector secundario, que incluye actividades de transformación en productos directos para consumo. En el sector secundario se incluyen la alimentación con transformación, la industria siderúrgica, química y textil, la construcción, etc. Por último, el sector terciario engloba todas las prestaciones de servicios o actividades en las que no hay transformación física de productos. Turismo, servicios médicos, educación, banca, seguros, cultura, consultoría, venta al por menor y hostelería serían ejemplos de actividades terciarias.

 Nota

Un cuarto sector, el cuaternario, se ha ido volviendo más importante en la economía actual. Versa sobre aquellas actividades relacionadas con la gestión y el procesamiento de la información, además de las relacionadas con la investigación y el desarrollo (I+D).

La industria editorial se encuentra dentro del sector terciario, también llamado sector de servicios, ya que su actividad económica se centra en actividades relacionadas con la publicación y distribución de diferentes medios impresos, lo que está relacionado con la prestación de servicios. Además, gracias a las nuevas tecnologías, el sector editorial ha experimentado un gran crecimiento, dando lugar a nuevas formas de publicación y distribución que incluyen los productos digitales como los libros electrónicos o las plataformas de publicación digital, por lo que al menos un segmento de este sector se podría englobar dentro del sector cuaternario, ya que presta servicios relacionados con la I+D.

El progreso de un sector u otro de un país o región obedece al grado de desarrollo de su economía. Los países con un menor PIB presentan sectores secundarios y terciarios poco desarrollados, centrando su economía en el primario. Las sociedades con economías medias tienen cierto desarrollo industrial pero no tantos servicios como las altamente desarrolladas, que presentan fuertes actividades secundarias, terciarias e incluso cuaternarias.

La segmentación del mercado identifica grupos más pequeños de clientes potenciales con características homogéneas dentro de un mismo sector. Las utilidades de dicha segmentación son varias:

- Identificar las necesidades de grupos más pequeños.
- Personalizar estrategias de *marketing.*
- Crear publicidad específica.
- Detectar posibles nichos de mercado no cubiertos.
- Revelar posibles segmentos donde la competencia sea menor.
- Hacer una mejor gestión logística.

 Nota

Los nichos de mercado son grupos específicos de consumidores dentro de mercados o segmentos de mercado que presentan unas características comunes. En el sector editorial, un ejemplo de nicho serían los libros que tratan temas demasiado específicos y que solo tienen difusión en determinados ámbitos, como el científico o técnico.

Todas las anteriores utilidades tienen como objeto final detallar productos y servicios específicos para determinados colectivos que hagan aumentar el nivel de ventas. La empresa puede decidir si se dirige a un segmento de mercado o a todo el sector, aunque generalmente se elige la primera opción ya que aporta ventajas en costes de distribución, gestión y *marketing.* Tan solo empresas de gran tamaño y con presencia internacional abordarían el mercado en su totalidad aunque tampoco suele ser lo más habitual.

 Actividades

1. Realice una primera segmentación del mercado editorial y comente en cuántos segmentos lo dividiría.
2. Señale si se podría incluir en algún caso al sector editorial, o algún segmento de este, en el sector secundario.

Las principales características que deben presentar los grupos una vez realizada la segmentación son:

- Homogeneidad para definir estrategias comunes a todos sus integrantes.
- Tamaño considerable para que sea rentable desarrollar estrategias y productos para el grupo.

Según las necesidades de cada mercado, la segmentación se hará en función de unos criterios u otros aunque algunos de los más habituales son:

Segmentación geográfica

Los grupos de clientes potenciales se especifican según el área geográfica de actuación. El mercado se divide según la región, comunidad, área, tamaño del núcleo de población o clima.

 Ejemplo

Criterio de segmentación	Segmentos
Área	Norte y Sur.
Comunidad Autónoma	Andalucía y Extremadura, Islas Baleares, Castilla la Mancha y Madrid.
País	España, Francia y Reino Unido.

Ejemplos de segmentación para el sector editorial por áreas, comunidades autónomas y países. El de países es fundamental para este tipo de sector ya que determina el idioma de la edición. La logística es otro de los determinantes de la elección ya que hace que se abaraten los costes de distribución.

Segmentación demográfica

El mercado se divide en grupos según características demográficas específicas de la población de un lugar como la edad, religión, género, estado civil, nacionalidad, etnia, etc. Algunos de los tipos de segmentación demográfica más habituales en el sector editorial son la edad y el género.

 Ejemplo

Criterio de segmentación	Segmentos
Edad	Niños, adolescentes y adultos.
Género	Mujeres y hombres.
Nacionalidad	España, países de Sudamérica y países asiáticos.

La edad es un criterio de segmentación habitual ya que delimita el tipo de lectura demandada: lectura infantil, para adolescentes y para adultos. La nacionalidad tiene sentido cuando en la región existen grupos de personas de diferentes nacionalidades que demanden ese tipo de literatura.

Segmentación socioeconómica

Considera factores relacionados con la capacidad adquisitiva de los consumidores como el nivel de ingresos, la clase social, la profesión o el nivel de estudios.

Ejemplo

Criterio de segmentación	Segmentos
Clase social	Baja, media y alta
Nivel de ingresos	<12.000 €, 12.000-25.000 €, 25.000-40.000 €, 40.000-60.000 €, >60.000 €
Nivel de estudios	Sin estudios, primarios, medios y universitarios.

En el sector editorial es muy útil la segmentación por clase social y nivel de estudios ya que determinará la elección de ese segmento como objetivo de *marketing*. No tendría sentido dirigir productos editoriales de alto nivel a segmentos con baja cualificación. El nivel de ingresos alto posibilita la compra potencial de productos de precios elevados que no serían recomendables en otros segmentos.

Segmentación basada en el comportamiento del consumidor

Este criterio tiene en cuenta variables relacionadas con la actuación del consumidor, como son el momento de compra, la frecuencia, el volumen de compra o la finalidad de la adquisición. Esta segmentación es válida para elegir el método de distribución.

Ejemplo

Criterio de segmentación	Segmentos
Frecuencia de compra	A lo largo de todo el año, solo al inicio del curso escolar, ferias del libro o eventos especiales.
Frecuencia de compra	Mensual, trimestral, semestral o anual.

Continúa en página siguiente >>

<< Viene de página anterior

Criterio de segmentación	Segmentos
Lugar de compra	Librerías especializadas, librerías generalistas, centros comerciales y otros puntos de venta (estancos, papelerías, gasolineras, etc.).
Volumen de compra	Dos productos editoriales al año, cinco productos al año o diez productos al año.
Finalidad de la compra	Ocio, profesional o regalos.

Una vez determinados los segmentos, la empresa es capaz de dirigir su producto al grupo de consumidores más afines. Por ejemplo, si el segmento se caracteriza por compras habituales en librerías genéricas, este es el canal de distribución que debería elegir la empresa.

 Actividades

3. Señale qué caracteriza a los integrantes de un mismo segmento de mercado.
4. Comente por qué es interesante hacer una segmentación tomando como criterio la edad en el sector editorial.

El proceso de segmentación es fundamental para determinar el tipo de producto y el mercado al que se va a dirigir la empresa, de ahí su complejidad. Las fases para realizar el proceso adecuadamente son:

1. Definición de las variables o criterios de segmentación.
2. Estudio que determine qué segmentos aparecen en el sector.
3. Definición de cada segmento con sus características (solteros con estudios superiores, amas de casa, profesionales cualificados con capacidad adquisitiva, profesionales cualificados con poca capacidad adquisitiva, adolescentes y niños en familias con pocos recursos, etc.).

4. Elección del segmento según las características de producto ofertado o creación de una línea de productos diversos.

5. Elección de una política de *marketing* adecuada al producto y segmento.

Ejemplo

Tras varias encuestas realizadas se ha determinado que la población mayoritaria de una zona tiene estudios superiores, tiene hijos en edad escolar, tanto niños como adolescentes, y compra libros por motivos de ocio y tiempo libre.

¿Qué tipo de producto editorial sería el adecuado para este segmento? Literatura de cualquier tipo (poesía, narrativa, documental, etc.) para adultos, adolescentes y niños.

3. Tipos de clientes editoriales

El sector editorial es amplio y engloba distintos tipos de clientes según el nivel ocupado en la escala, que va desde la producción hasta el consumidor final.

La base son los editores y los creadores de los contenidos que llevan a cabo la edición y la creación de los textos, respectivamente. Estos pueden optar por vender sus productos directamente (normalmente a través de Internet) o hacerlo a través de distribuidores o minoristas, opción con más cabida en el sector.

Los minoristas o distribuidores actúan como clientes de los editores, llevando a cabo labores de venta, publicidad y distribución. Su conocimiento de la materia es bastante amplio y suelen conseguir mejores resultados que los editores que venden directamente. Esta ventaja también repercute en mayores costes por intermediarios.

Además del conocimiento del sector, los minoristas consiguen mayores ventas en términos absolutos ya que ofrecen más variedad de productos que un solo editor, que normalmente presenta cierta especialización.

Por último, los clientes finales son los que adquieren el producto, los clientes de las librerías. Sus características son muy diversas y atienden al tipo de mercado y segmento.

 Actividades

5. Averigüe qué ventajas presenta el uso de minoristas para la venta en lugar de ventas directas desde el editor, y si pueden existir casos mixtos (venta minorista y directa).
6. Señale qué grandes minoristas del sector editorial conoce y qué tipo de productos ofrecen.

4. Tipos de mercados editoriales

El sector editorial es bastante amplio y no es usual que una misma empresa aborde todos sus subsectores. Por sector editorial se entiende la actividad dedicada a la elaboración y edición de materiales impresos y en formato digital, destinados a ocio, entretenimiento, fines divulgativos o carácter profesional.

Los siguientes epígrafes tratan los principales mercados del sector editorial:

Prensa y revistas

Incluyen periódicos y revistas con publicación periódica y divulgación masiva. Su finalidad es varia: algunos tienen como objetivo la mera información y otros tienen carácter más ocioso, los hay de temática diversa y otros específicos (economía, cine, belleza, tiempo libre y ocio, etc.).

Publicaciones técnicas y profesionales

Presentan similitudes con los anteriores, pero no siempre son periódicos y no están dirigidos a todo el público. Son publicaciones que tratan temas técnicos o científicos, orientadas a profesionales de la materia. Sus canales de distribución suelen ser universidades o centros de estudio. Sus artículos son desarrollados por expertos de renombre en la materia y es habitual la colaboración con universidades y administraciones públicas para su divulgación.

Divulgación especializada

Son publicaciones que pueden ser periódicas o no y su divulgación puede ser tanto masiva como específica. Incluyen libros o revistas con guías de viaje, catálogos de productos de empresas, o mapas y atlas.

 Ejemplo

PuroMarketing, revista digital líder en el sector de *marketing, Merca2.0, E-show Magazine, Harvard Business Review* y Emprendedores son algunas publicaciones de divulgación especializada en temas de economía, *marketing* y gestión de empresas.

Libros

Entre ellos se encuentran:

- **Narrativa y poesía.** Son publicaciones de carácter no periódico destinadas al ocio y al estudio para un público adulto mayoritariamente. Pueden abarcar diversos temas, pero el más concurrido es la novela, desde las publicaciones más actuales hasta la reedición de clásicos. Constituyen el grueso de las ventas de librerías generalistas o comerciales. La publicidad en medios es necesaria para dar salida a este tipo de publicaciones, donde la imagen y anteriores éxitos del escritor son fundamentales para la venta del nuevo producto.
- **Literatura juvenil.** Se encuentra en la misma línea que la anterior, pero está destinada a un público más joven que requiere historias y un tipo de narración más específica. También tiene importantes ventas en librerías generalistas.

- **Literatura infantil.** También en la misma línea que los anteriores, pretende cubrir la demanda de los de menor edad en este tipo de entretenimiento. Los clientes potenciales serían familias con hábitos de lectura, que potencian y refuerzan esa misma demanda en sus hijos, o centros escolares que requieren determinados productos de forma obligatoria.
- **Autoayuda.** Se considera un nuevo mercado editorial aunque lleva ya varios años siendo uno de los más relevantes en ventas en librerías generalistas. Tratan temas diversos aunque siempre buscan la misma finalidad, ayudar al lector. Independientemente del tema, existen dos tipos básicos de libros de autoayuda: el meramente técnico y el espiritual, siendo este último el que ha conseguido importantes cifras de ventas en los últimos años.

Libros de texto

Son libros que apoyan y completan el desarrollo de cualquier materia en el ámbito educativo. El libro deber abordar todos los temas propuestos en las guías o temarios oficiales que desarrollan las asignaturas que el alumno debe superar para obtener su certificado oficial de estudios. Es por ello que este sector está más controlado que otros en cuanto a sus contenidos y estructura, donde se hace especial hincapié en su naturaleza didáctica. Los productos de este sector están destinados tanto a alumnos como a profesores.

El mercado de los libros de texto es altamente estacional, donde las ventas se concentran en los meses previos al inicio del curso escolar, generalmente agosto y septiembre, aunque el trabajo de creación, edición y divulgación se produce durante todo el año.

Son habituales los convenios con administraciones públicas para la compra directa de libros (material que los centros educativos ceden a alumnos y profesores) o compra indirecta, donde son las familias las que adquieren los productos que el centro ha requerido.

Actualmente a los libros de texto acompaña una edición digital que adapta los contenidos al entorno *online* para complementar el uso de los libros de texto con recursos o material extra.

Manuales profesionales

Son similares a los anteriores en cuanto a su naturaleza didáctica aunque están enfocados a ámbitos profesionales. Las ventas se producen directamente a particulares o usando centros educativos como intermediarios. Los temas son diversos: matemáticas, economía, historia, ciencia, medicina o cualquier ámbito de estudio. Son de amplia divulgación en universidades y centros educativos similares. Sus autores suelen también publicar artículos de divulgación especializada.

Al igual que con los libros de texto, algunos tipos de manuales posibilitan la obtención de títulos que acreditan competencias profesionales, como es el caso de los certificados de profesionalidad y capacitación profesional.

Boletín Mensual de Estadística Culturales 2023	
Cultura	
Producción editorial Títulos editados según tipo de publicación por tema UNESCO	
	2021
Generalidades	1.449
Filosofía. Psicología	2.056
Religión. Teología	1.636
Sociología. Estadística	967
Ciencias políticas. Ciencias económicas	2.136
Derecho. Administración pública. Previsión y asistencia social. Seguros	3.386
Arte y ciencia militar	256
Educación. Enseñanza. Formación	2.751
Etnografía. Antopología cultural (costumbres, folklore, etc.)	459
Matemáticas	213
Ciencias naturales	924
Ciencias médicas. Sanidad	2.364
Ingeniería. Tecnología. Industrias. Oficios	903

Continúa en página siguiente >>

<< Viene de página anterior

Agrigultura. Silvicultura. Ganadería. Caza y pesca	304
Ciencia doméstica	407
Gestión, administración y organización	540
Acondicionamiento del territorio. Urbanismo. Arquitectura	1.192
Artes gráficas y plásticas. Fotografía	1.517
Música. Artes del espectáculo. Teatro. Películas. Cine	658
Juegos. Deportes	780
Filología. Idiomas. Lingüística	976
Literatura, historia y crítica literaria	22.059
Geografía	188
Historia. Biografía	5.956
No consta	30

MCUD. Estadística de Producción Editorial de Libros

 ## Actividades

7. Comente qué ventajas futuras aporta para el sector editorial el fomento de la lectura adolescente e infantil.
8. Señale qué diferencias presentan los manuales profesionales y los libros de texto.

La anterior clasificación divide el mercado editorial en función de la naturaleza del producto, pero existen **otras clasificaciones.** La siguiente utiliza como criterio la forma de gestión y edición de las obras. Existen cuatro tipos: edición convencional, autoedición, coedición e impresión bajo demanda. Todas ellas pueden tratar los géneros o mercados anteriores salvo prensa y publicaciones especializadas, aunque lo más habitual es que se especialicen en narrativa, poesía y manuales profesionales.

Edición convencional

En la edición convencional la empresa editora se encarga de la gestión y de los costes de la publicación y publicidad, corrección de textos y maquetación. El autor tan solo desarrolla su obra y cede los derechos de explotación a la editorial, percibiendo un porcentaje sobre las ventas aunque se suele dar un adelanto al autor por este concepto a la entrega de la obra completa. Ambas partes firman un preacuerdo que incluye todas sus obligaciones y derechos sobre la obra. Para los autores es la forma más cómoda y económica de ver publicadas sus obras, aunque tienen que encontrar la editorial que decida hacerlo. Es muy habitual en este mercado la figura del agente editorial, que usa sus conocimientos sobre el sector para ayudar a autores nóveles a publicar sus obras, siempre a cambio de comisiones en función de las ventas futuras.

Autoedición y coedición

En la autoedición el autor financia la publicación de su obra y la editorial ofrece su conocimiento sobre el sector, su gestión y su imagen. En el contrato firmado por ambas parte se establece la forma de edición y distribución. Es una forma más costosa y sobre todo más arriesgada para el escritor, que realiza toda la inversión sin tener garantía de que la recuperará.

En la coedición los costes de edición y distribución se reparten entre editor y autor con las condiciones que determinen por contrato.

 Nota

En las últimas décadas se han multiplicado las vías de autoedición, ya que ni siquiera hay que contar con una editorial, sino que se puede hacer desde diferentes plataformas como *Amazon*, aunque esta última solo ofrecería el servicio de venta y distribución; no se encargaría de servicios como la maquetación, el diseño o la promoción. Es por lo que han surgido editoriales que se encargan exclusivamente del perfil de autoedición.

Impresión bajo demanda

Es el tipo de edición más moderna y menos costosa para el autor donde se imprimen solo los ejemplares que se compran. Este sistema usa la tecnología láser para la impresión, que permite imprimir tiradas de pocos ejemplares, algo que era imposible con la tecnología que se usaba anteriormente. La corrección del texto y su publicidad y distribución corren a cargo del autor. Internet suele ser la mejor forma de difusión de este tipo de publicaciones.

 ## Recuerde

La impresión *offset* era la más utilizada antes de la aparición de la tecnología láser. Consiste en la impresión de tinta oleosa usando planchas metálicas. Ofrece grandes estándares de calidad a la obra en cuanto a color y durabilidad, pero presenta el inconveniente de que se necesitan grandes tiradas para que sea factible su utilización.

Publicaciones digitales

Son aquellas publicaciones que implican el uso de tecnología en línea para crear y compartir contenido digital a través de medios electrónicos como internet o dispositivos electrónicos como ordenadores, *smartphones* o libros electrónicos. Hay una gran variedad de publicaciones digitales, entre las que se encuentran los *e-books,* revistas digitales, sitios webs de contenido digital, tanto páginas como blogs, o *podcasts.*

Llegan a un público muy amplio y su coste es más reducido que los tipos de mercado más tradicionales.

5. Localización del mercado

La localización de mercado como concepto de *marketing* implica situar física y temporalmente a los consumidores reales y potenciales del producto o servicio ofertado.

Localizar el mercado de un producto no es una tarea fácil y directa. Para conseguirlo es necesario definir bien el producto y determinar a qué segmento está dirigido tal como se ha estudiado anteriormente.

Las encuestas a consumidores, tanto cualitativas como cuantitativas, las pruebas de productos y el estudio de variables económicas como el nivel de ingresos o el PIB de una zona ayudan a localizar a dichos consumidores.

En las **encuestas cuantitativas** se determina qué tipo de cliente es el mayoritario en la zona, qué tipo de consumo en el sector se realiza, su momento de compra, el lugar, la frecuencia o cualquier tema que pueda interesar a la empresa y que ayude a su objetivo. Al ser un sondeo cuantitativo se obtienen datos numéricos útiles para realizar estadísticas.

 Ejemplo

Un ejemplo de encuesta cuantitativa para el sector editorial sería la siguiente:

I. ¿Con qué frecuencia lee?
    ☐ Diariamente
    ☐ Solo fines de semana
    ☐ En vacaciones
    ☐ Nunca

II. ¿Qué tipo de lectura prefiere?
    ☐ Prensa y revistas
    ☐ Narrativa y poesía
    ☐ Documental e histórico
    ☐ Otros (indique cuál: _____)

Continúa en página siguiente >>

<< Viene de página anterior

III. ¿Dónde suele comprar su lectura?
      ☐ Librería tradicional
      ☐ Centros comerciales
      ☐ Internet
      ☐ Otros

IV. ¿Con qué frecuencia compra productos literarios?
      ☐ Mensualmente
      ☐ Trimestralmente
      ☐ Semestralmente
      ☐ Anualmente

V. ¿Con qué finalidad compra productos literarios?
      ☐ Consumo propio
      ☐ Regalos
      ☐ Estudios y trabajo

VI. Por último, indíquenos los siguientes datos estadísticos:
      ☐ Edad: _____
      ☐ Nivel de estudios: _____
      ☐ Número de hijos: _____

Una vez registrados los datos correspondientes a las encuestas, se obtendrá un balance del perfil del posible consumidor, sus gustos y sus hábitos de compra. El perfil vendrá determinado por su edad, nivel de estudios, poder adquisitivo y número de hijos; esto último es fundamental si se pretenden vender productos destinados a estos colectivos ya que serán los progenitores quienes determinarán la venta. Los gustos ayudarán a determinar qué tipo de producto es el que consumen y con qué frecuencia. Los hábitos de compra determinan el momento de compra, si es puntual o periódica, la cantidad y el lugar, entre otros conceptos.

La concreción de resultados ayuda a la editorial a determinar qué producto dirigir a quién y cómo. El siguiente ejemplo muestra el resultado de la encuesta anterior.

Ejemplo

La encuesta del ejemplo anterior ha arrojado una serie de datos numéricos, de los cuales los más relevantes son:

I El 25 % de la población encuestada lee diariamente, el 50 % solo los fines de semana, el 18 % en vacaciones y el 7% no lo hace nunca.
I El 65 % de los encuestados prefiere narrativa y poesía.
I El 30 % prefiere hacer sus compras en librerías tradicionales, frente al 10 % en centros comerciales y un 58 % por medio de Internet.
I El 45 % realiza compras trimestralmente.
I La finalidad principal de la compra es el autoconsumo para el 45 %, el trabajo para el 35 % y el 20 % para regalar.
I El 43 % presenta estudios superiores y el 55 % tiene hijos.
I Por franjas de edad, los de 20 a 30 hacen mayores gastos en libros profesionales, frente a los de 30 a 50 años, que prefieren narrativa y poesía.

Las **encuestas cualitativas** no son numéricas y se centran en aspectos más profundos. Son entrevistas cara a cara, individuales o en grupo, donde se habla de productos, sus prestaciones y las sensaciones que provocan en el cliente. En el sector editorial, este tipo de entrevista se orienta más al lanzamiento de productos muy novedosos, donde se quiere tener un acercamiento mayor con el cliente para conocer su opinión de primera mano.

Ejemplo

Un ejemplo de encuesta cualitativa para el sector editorial sería la siguiente:

I. ¿Qué espera de la lectura de un libro?
II. ¿Qué sentimientos le evoca la siguiente palabra?
III. ¿Qué requisitos debe reunir su lectura ideal?
IV.¿Cómo se siente después de haber leído una gran obra?

Las pruebas de productos ayudan a acercar estos a los consumidores, mostrándoles un pequeño adelanto de la obra en el caso editorial. Son bastante útiles cuando se realiza una entrevista cualitativa posteriormente.

El estudio del PIB y el nivel de ingresos determinan la capacidad adquisitiva del consumidor. Si esta es alta, el cliente podría estar dispuesto a adquirir productos de mayor calidad y precio más alto, aunque no siempre es concluyente. El nivel de ingresos también puede conocerse en la encuesta cuantitativa aunque no siempre es recomendable, ya que algunos usuarios son reacios a dar este tipo de información.

 Actividades

9. Pretende vender libros de autoayuda, así que seleccione una materia al azar y defina las preguntas cuantitativas para su encuesta.
10. Señale si tendría cabida una entrevista cualitativa en el caso anterior. Justifique su respuesta.

6. Hecho diferencial

El hecho diferencial hace referencia a la técnica que usa la empresa para colocar su producto en el mercado una vez conocido el segmento al que pertenece y su cliente potencial.

De forma genérica, el *marketing* establece cuatro técnicas básicas: diferenciación por producto, por precio, distribución y comunicación.

El diseño de las estrategias viene definido por el marketing "mix", que está formado por las variables: producto, precio, distribución y promoción.

La **estrategia en producto** implica centrar la atención del cliente en los propios atributos del producto. Algunas técnicas son: ofrecer productos de gran calidad o muy novedosos, incluir nuevos atributos como una nueva presentación, packs, una nueva marca, productos relacionados aunque no iguales a los que venía vendiendo la empresa, productos dirigidos a nuevos segmentos no explorados, etc.

La **estrategia en precio** pone el énfasis en el valor monetario. Una estrategia sería la de ofrecer los mejores precios del mercado. Con ello se consigue tener una buena cuota de mercado, siempre respetando la rentabilidad absoluta que la empresa está obteniendo. Una estrategia de precios altos está indicada cuando se está ofreciendo un producto de alta calidad, pionero en el mercado. Otras alternativas son ofrecer 2×1 y descuentos especiales (porcentajes sobre la cantidad total, descuentos en futuras compras o descuentos por traer nuevos clientes).

Las **estrategias basadas en la distribución** se centran en el punto de venta. Algunas de las más habituales son:

- Distribución exclusiva en determinados puntos o distribución en cualquier punto de venta o de forma intensiva.
- Distribución vía Internet con entrega a domicilio.
- Venta directa o venta a través de minoristas o comerciales.

■ Expansión en nuevas zonas geográficas.

Las **estrategias de promoción** centran sus esfuerzos en reforzar la imagen de la compañía y hacerla más visible. Las principales estrategias son:

■ Apoyo de publicidad (prensa, medios de información, folletos, carteles, vallas publicitarias o posicionamiento web).

■ Obsequiar con regalos por la compra de ciertos productos.

■ Realizar sorteos.

■ Participación en ferias.

■ Organizar eventos de autor como firmas de libros o charlas.

■ Utilizar coches con el logotipo empresarial y demás publicidad corporativa.

■ Catálogos en papel y página web corporativa.

 Nota

El posicionamiento web permite que la empresa aparezca en los primeros lugares al hacer búsquedas a través de Google, Bing, Yahoo u otros buscadores. Un buen posicionamiento posibilita mayores entradas en la web corporativa y mayor presencia de marca.

Además de las estrategias del *marketing mix* existen otras más complejas basadas en diferentes factores. Algunas son las que se desarrollan a continuación.

La **estrategia de crecimiento integrativo** propone usar el control que una gran compañía tiene sobre sus proveedores y distribuidores. Se realiza de tres formas:

■ **Integración vertical hacia atrás.** La empresa incrementa el control que tiene sobre sus proveedores creando empresas subsidiarias que le provean la materia prima. En un grupo editorial un ejemplo sería la creación de una empresa suministradora de papel.

- **Integración vertical hacia adelante.** La empresa aumenta el dominio sobre sus distribuidores creando cadenas propias de distribución directa de la marca.
- **Integración horizontal.** La empresa crea subsidiarias en cada segmento de mercado de un mismo producto, y de esta forma tiene un mayor dominio. En el sector editorial, un ejemplo sería un gran grupo empresarial que usa diferentes marcas por especialidades, y tiene una para publicaciones en materia científica y divulgación, otra para narrativa de alta calidad y una tercera para libros genéricos en edición de bolsillo.

Las **estrategias de nichos de mercado** son usadas por empresas de pequeño tamaño que encuentran un segmento insatisfecho que las grandes compañías no han querido atender por su reducido tamaño. Estos productos ofrecen márgenes de beneficio altos, ya que sus clientes están dispuestos a pagar precios elevados porque no tienen otra forma alternativa de conseguir el producto. En el sector editorial, sería algún tipo de género literario con pocos seguidores y poca oferta.

Por último, es importante tratar algunas **estrategias de reto de mercado** donde se lucha directamente contra el competidor:

- **Ataque frontal:** la empresa ataca a la competencia en todos los aspectos detallados en el *marketing mix* (precio, producto, distribución y promoción), llevando a cabo el lanzamiento de productos similares a menores precios con mejores canales de distribución y con una gran inversión en publicidad. Son realizadas por empresas de gran tamaño y presencia en el sector.
- **Ataque por flancos:** la empresa se centra en atacar el aspecto más débil de la competencia. Son más comunes en empresas de tamaño medio.
- **Estrategia de derivación:** la empresa se centra en los aspectos que no ha abarcado la competencia. Esta estrategia es realizada por empresas de mediano tamaño que ofrecen productos o servicios muy especializados.

Aplicación práctica

La editorial para la que trabaja ha decidido ampliar sus funciones e imprimir directamente los manuales que crea. Dicha función estaba subcontratada con diversas imprentas. Por otro lado, ha desarrollado su página web y ha ofrecido por primera vez la venta directa de sus productos vía *online* con entrega mediante mensajería. Tras dos meses desde los cambios, los beneficios han sido más que considerables, la venta online ha sido todo un éxito y se han conseguido ventajas de costes en la impresión.

¿Qué estrategias aparecen en el texto? ¿Recomendaría a la empresa tomar como única forma de distribución la citada en el caso?

SOLUCIÓN

La primera estrategia citada es la integración vertical hacia atrás, donde la empresa asume funciones de escalas inferiores dentro del proceso productivo. Dicha estrategia aporta ventajas en costes y en control sobre el proceso.

La segunda estrategia es la integración vertical hacia adelante, donde la compañía da sus primeros pasos como distribuidora. El éxito de las ventas, además de por una buena gestión, puede venir de un gran conocimiento de la marca en el sector, aunque no se recomienda establecer tan pronto esta única forma de distribución. La empresa debería seguir con los canales de venta tradicionales y reforzar la venta online hasta que esté más consolidada. Es perfectamente factible una distribución mixta: por un lado se ahorran costes (menos intermediarios) y se tiene más control, pero no se asumen los riesgos de una única forma de distribución.

Recuerde

Según encuestas realizadas a editores, la principal estrategia utilizada en el sector editorial en España, con una marca del 58 %, es la diferenciación en producto por calidad y exclusividad, seguida de la diferenciación por distribución, donde se ofrecen distintas alternativas de lugar de compra. Definitivamente, la diferenciación por costes (precio) no es una alternativa para los editores de este país, siendo seleccionada por solo el 8 % de los encuestados (fuente: Inmark Experiencia e innovación).

7. Producto estrella

Para entender el concepto de producto estrella es necesario conocer los ciclos de vida del producto. Al igual que un ser vivo, un producto o servicio pasa por diferentes etapas desde su nacimiento o creación hasta que deja de venderse. Las etapas son:

- **Introducción.** El producto es introducido en el mercado. No se sabe todavía cuál será su comportamiento pero es un producto único en el mercado. Debe invertirse en publicidad para su conocimiento.
- **Desarrollo.** El producto empieza a conocerse en el mercado, y se perciben o aumentan las ventas. Se debe seguir invirtiendo en publicidad para una mayor consolidación.
- **Madurez.** El producto está estancado en el mercado y las ventas empiezan a detenerse. Son numerosos los competidores en el sector.
- **Declive.** El producto deja de venderse porque ha dejado de ser útil o han aparecido productos sustitutos.

Gráfico representativo del ciclo de vida del producto

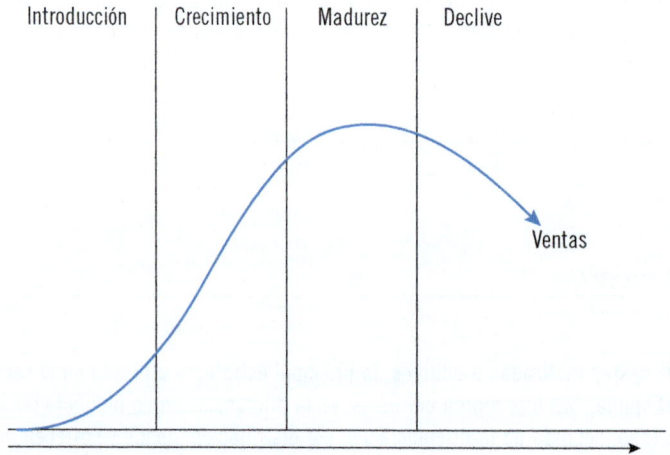

Para analizar la posición estratégica de un producto en un mercado, la consultora *The Boston Consulting Group* desarrolló la matriz de crecimientoparticipación, más conocida como **matriz BCG.** Esta matriz está formada por cuatro cuadrantes en función del crecimiento del mercado (eje Y) y la cuota de participación que la empresa está obteniendo (eje X). Gracias al posicionamiento de los productos dentro la matriz, la empresa puede orientar sus estrategias para conseguir una mayor cuota en mercados en crecimiento. Según la matriz, la secuencia ideal que deberían seguir los productos es: producto **incógnita,** producto **estrella** y producto **vaca.**

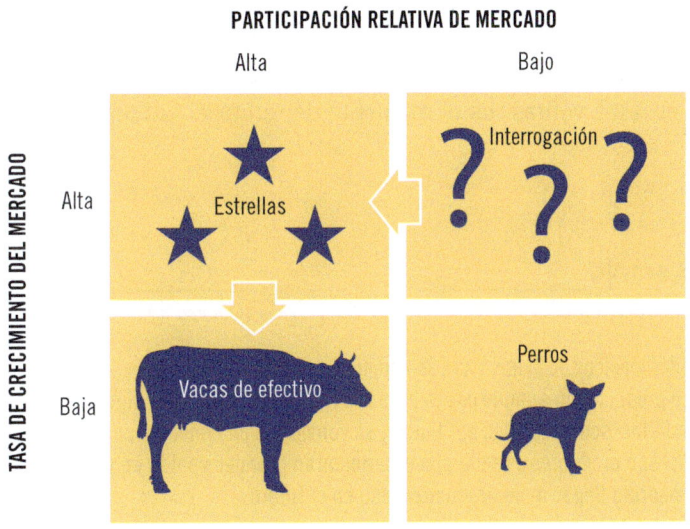

Matriz Boston Consulting Group. Las flechas indican el orden deseado en la evolución de los productos.

La combinación de los factores anteriores, crecimiento y cuota de mercado, da lugar a los siguientes tipos de productos:

- **Producto incógnita.** Es novedoso, no hay otro similar y se encuentra en un mercado en crecimiento. La empresa necesita invertir bastantes recursos para conseguir que tenga éxito aunque todavía no se sabe si esto ocurrirá.
- **Producto estrella.** Viene de un producto incógnita que ha sido aceptado por el mercado. La competencia todavía no ha desarrollado productos similares por lo que se lleva gran parte de la cuota de mercado. Se convierte en el producto más preciado de la compañía del cual se espera un

gran futuro, de ahí su denominación. Aun así la empresa sigue invirtiendo recursos en publicidad para fortalecerlo aún más.

- **Producto vaca.** Es la siguiente etapa lógica del proceso. El producto estrella anterior ya es conocido por todos y necesita bastantes menos recursos, aunque sigue teniendo buenas cifras de ventas y está consolidado en el mercado. Ahora su rentabilidad es mayor y aporta más a la empresa en términos absolutos. Realmente toda empresa persigue que sus productos se conviertan en productos vaca después de pasar la etapa estrella.

- **Producto perro.** Se corresponde con la etapa de declive. No hay mercado para el producto y la empresa no compensa los recursos invertidos con las escasas ventas. Es el momento de retirar el producto del catálogo.

 Ejemplo

Los grandes clásicos de la literatura son productos vaca para algunas editoriales. Sus ventas se siguen produciendo aunque pasen los años y no hay que realizar ninguna inversión extra para venderlos, son conocidos por todos y se convierten en beneficio para la empresa. Los *best seller* son productos estrella que experimentan grandes ventas en periodos de tiempo cortos y podrían llegar a ser productos vaca en el futuro.

8. Cuota de mercado

La cuota de mercado es el porcentaje de ventas sobre el total que la empresa obtiene en un mercado o segmento de mercado. El conocimiento de este dato es fundamental, junto con otros conceptos, para entender la marcha de la empresa y determinar su futuro.

Dicho porcentaje puede calcularse sobre la cantidad de ventas totales o sobre unidades vendidas. El cálculo se haría de la siguiente forma:

- Cuota de mercado $\left(\text{ventas totales}\right) = \dfrac{\text{Ventas de la compañía}}{\text{Ventas totales del mercado}}$

- Cuota de mercado $\left(\text{unidades}\right) = \dfrac{\text{Unidades vendidas por la compañía}}{\text{Unidades vendidas en el sector}}$

Cambios repentinos en la cantidad total de ventas pueden indicar que se ha modificado la posición que la empresa tenía (su cuota de mercado) con respecto a sus competidores o que el mercado se ha contraído, es decir, existen menos ventas en todo el sector.

Los cambios en la cuota de mercado pueden venir producidos por una mayor presencia de los competidores. Sería entonces cuando habría que analizar la estrategia que está siguiendo la empresa para decidir su conveniencia o no y establecer otra si es necesario. Las estrategias serían las vistas anteriormente en el apartado de hecho diferencial.

La cuota de mercado está relacionada con la rentabilidad obtenida por la empresa. Si la cuota que está obteniendo la empresa es elevada, probablemente su rentabilidad también lo sea, aunque siempre hay que revisar otros aspectos como el crecimiento del sector y los costes de fabricación y comercialización.

Una empresa puede ser líder en un sector en decrecimiento donde las ventas totales son cada vez más bajas. La empresa puede llegar a tener pérdidas si no remedia esta situación; probablemente sea la única empresa que comercializa ese producto cuyas ventas no cubren los costes fijos necesarios para producir.

Los costes de fabricación y comercialización elevados restan o anulan la rentabilidad aunque se haya vendido y la empresa obtenga una cuota alta de mercado. Probablemente, el producto no sea rentable en términos unitarios o la empresa no está haciendo una gestión adecuada de sus costes.

Actividades

11. Si una empresa está obteniendo una cuota de mercado alta señale si esto significa que es rentable.
12. Describa qué es el umbral de rentabilidad y relacione este concepto con los costes asumidos por la empresa para la fabricación del producto.

Aplicación práctica

Grupo Librox ha sido pionero y líder en el sector de publicaciones científicas durante décadas. En los últimos cuatro años han proliferado ciertas competidoras. Al principio eran empresas bastante pequeñas con niveles de ventas bajos, que no repercutían en la cuota de la líder del sector. Sin embargo, este año, Grupo Librox ha experimentado cierto descenso en su cifra total de ventas. Aunque la situación todavía no es alarmante, ¿qué recomendaría a la empresa? ¿Qué nuevas estrategias podría implementar?

SOLUCIÓN

Aunque se está en una etapa temprana, es necesario estudiar la situación y determinar las causas del descenso en ventas. Estas pueden venir ocasionadas por una reducción del mercado total o una reducción en la cuota de mercado de Librox. Para ello, habría que comparar las cifras totales del mercado con las de Librox y cotejar el resultado con el de años anteriores.

Si efectivamente la reducción en ventas está ocasionada por este motivo, la empresa debería actuar contra sus competidoras. Una de las estrategias más adecuadas aprovechando su situación de líder es el ataque frontal, actuando en todos los flancos: producto, precio, distribución y promoción.

9. Competencia

Se entiende por competencia a aquellos productos o servicios que ofrecen otras empresas y que satisfacen la misma demanda que el producto o servicio propio. Es por tanto una definición amplia que incluye incluso otros sectores o segmentos. La competencia más inmediata serían empresas dedicadas al mismo sector y/o segmento. Otros tipos de competencia más alejados son aquellos que satisfacen necesidades genéricas como ocio o tiempo libre de otras formas y que tienen en común la capacidad de gasto del cliente.

La mejor forma de que estos conceptos se asimilen es ejemplificándolos con casos en el sector editorial.

La competencia directa está formada por otras editoriales que ofrecen el mismo tipo de producto. Estas pueden actuar en el mismo segmento o no pero siempre implican un riesgo ya que conocen bastante bien el mercado. En el caso de actuar en segmentos distintos, siempre pueden ampliar su actividad y abarcar nuevos grupos de clientes potenciales afectando directamente a la cuota de mercado de las otras editoriales. Los competidores potenciales son nuevas empresas que quieran entrar en el sector.

La competencia directa es más intensa cuando aumentan los siguientes factores:

- El número de empresas en el sector es alto. Hay más empresas con las que competir.
- Las empresas del sector son numerosas y de pequeño tamaño.
- El crecimiento del sector es lento por lo que es difícil aumentar el nivel de ventas si no se amplía la cuota de mercado.
- Las barreras de salida y los costes fijos son elevados, impidiendo que las empresas cambien fácilmente de sector.
  Nota: las barreras de salida son un concepto económico que hace referencia a obstáculos que dificultan la salida del mercado, como grandes inversiones en capital difícilmente liquidables, barreras emocionales por haber pertenecido tanto tiempo a ese sector o impedimentos legales o gubernamentales.
- El producto está muy estandarizado y es difícil diferenciarse.

Según Inmar Experiencia e Innovación, el sector español presenta una serie de editoriales de gran tamaño frente a infinidad de pequeños editores. Se podría decir que el sector está en cierta medida desconcentrado. En relación al producto, lo más significativo es su alta especialización tal como se indicó en el apartado de estrategias. La estandarización no sería un problema de competencia en este caso.

Distribución de las empresas del sector por CC. AA. (Año 2022)	
18 Artes Gráficas y reproducción de soportes grabados	
CC. AA.	**Total**
Andalucía	1.779
Aragón	314
Asturias	246
Baleares	336
Canarias	546
Cantabria	118
Castilla León	515
Castilla La Mancha	503
Cataluña	2.971
Comunidad Valenciana	1.674
Extremadura	221
Galicia	695
Madrid	2.530
Murcia	425
Navarra	182
País Vasco	721
La Rioja	74
Ceuta y Melilla	17
Total	**13.866**

La imagen muestra el número de empresas dedicadas a artes gráficas en el territorio por comunidad autónoma (CNEA 2009-18). El número es elevado, sobre todo en Madrid, Cataluña, Comunidad Valenciana o Andalucía. (Fuente: Idepa, a partir de la Estadística estructural de empresas del sector industrial del INE)

La competencia potencial es alta cuando se dan los siguientes factores:

■ No existen economías de escala. Se hace referencia a las ventajas en costes que obtienen las grandes compañías, que se deben principalmente a una producción muy elevada y a un mayor poder de negociación con proveedores que reducen el gasto medio por unidad producida, y que en este caso no se dan.

- Los costes fijos y el capital inicial son bajos. La empresa no necesita de grandes infraestructuras para poder comenzar la actividad.
- El producto está estandarizado y es fácilmente copiable.
- El acceso a los canales de distribución es fácil.

Según Inmar Experiencia e Innovación, en el caso editorial español, el producto no está estandarizado, los costes fijos y el capital inicial no son altos ya que existen nuevas formas de impresión y el acceso a los canales de distribución es complicado, de hecho es un factor fundamental para colocar el producto en el mercado según declaraciones de editores.

Por último, citar los sustitutos, productos o servicios diferentes al editorial pero que satisfacen la misma necesidad del consumidor. En este caso, la necesidad es el gasto en ocio y tiempo libre. Los consumidores tienen un presupuesto limitado para esta finalidad y deben elegir entre productos editoriales o productos audiovisuales, cine, viajes, excursiones, cenas y comidas, otro tipo de regalo cuando la finalidad del producto es esta, etc. Dichos sustitutos son de aplicación cuando el libro tiene ese fin, y quedarían fuera los libros con objetivo profesional.

 Nota

Según Inmark Experiencia e Innovación, los productos editoriales complementan a algunos sustitutos como es el caso de los viajes. El caso de audiovisuales es más complejo y afecta en mayor medida a las ventas del sector.

Actividades

13. Señale qué barreras de entrada considera que existen en el sector editorial y busque información sobre costes fijos e inversión.
14. Averigüe cómo podría el sector editorial luchar contra la entrada de sustitutos y estudie algunas de las estrategias vistas en el tema.
15. Diga en qué se caracterizan los productos vaca y si son mejores que los estrella.

10. Resumen

Para empezar a comercializar cualquier producto en todo tipo de mercados no es suficiente fabricar e intentar colocar dicho producto en el mercado. Con carácter previo debe definirse correctamente el producto, el segmento al que va dirigido, su política de distribución y su publicidad, elementos fundamentales del *marketing mix.*

El diseño del producto ayuda a que sus características sean las solicitadas por el cliente potencial una vez segmentado el mercado. El estudio previo del sector utilizando técnicas de análisis de mercados, como encuestas cualitativas y cuantitativas, es fundamental para determinar a qué tipo de cliente hay que enfrentarse y cuáles son sus preferencias.

Determinar en qué nivel de la cadena que va de la creación del producto al cliente se está también es fundamental para diseñar las estrategias, ya que no es lo mismo actuar como minorista o distribuidor que como editor.

El mercado está compuesto por diversos segmentos. La empresa editorial suele elegir uno o varios de estos campos para especializarse. Tan solo las grandes editoriales abarcan todos los segmentos.

La estrategia utilizada por la empresa para colocar sus productos en el mercado o segmento elegido está determinada por los conceptos de *marketing mix.* Existen empresas que ponen el énfasis en la diferenciación de su producto, mientras que otras ofrecen sistemas de distribución más variados, útiles para llegar a cualquier cliente. Si la diferenciación se produce en la promoción, la compañía se hará notar con campañas de publicidad masivas y ofertas que atraigan a nuevos clientes. Por último, si se elige el precio, se tendrán grandes ventajas en costes repercutidos en el precio final.

La cuota de mercado es el porcentaje de participación de la compañía en las ventas totales del sector. Este puede variar si las empresas competidoras están obteniendo porcentajes mayores. La cuota de mercado no debe variar si solo se producen cambios en las ventas totales del sector.

La competencia del sector editorial no solo está compuesta por empresas que desarrollan la misma actividad. Existen competidores potenciales que amenazan con su ingreso en el sector, sobre todo si las barreras de entrada son bajas. Los productos sustitutos dedicados al tiempo libre y ocio también son competidores del sector, de ellos el más peligroso es el producto audiovisual.

Ejercicios de repaso y autoevaluación

1. **Indique si las siguientes cuestiones son verdaderas o falsas:**

   a. El sector editorial podría estar incluido en el sector cuaternario cuando vende productos digitales.

      □ Verdadera
      □ Falsa

   b. La segmentación de mercados es útil para establecer grupos más pequeños de consumidores con características parecidas en cuanto a su consumo.

      □ Verdadera
      □ Falsa

   c. La segmentación de mercados ayuda a detectar posibles nichos de mercado.

      □ Verdadera
      □ Falsa

2. **Los segmentos de mercado...**

   a. ... deben ser homogéneos y de tamaño pequeño para dirigirse mejor a sus integrantes.
   b. ... deben ser homogéneos y de tamaño considerable para que el resultado sea interesante.
   c. ... en base a un criterio geográfico no son adecuados para el sector editorial que se caracteriza por ventas en otros países.
   d. ... en base al criterio del comportamiento del consumidor incluyen la edad y el momento de compra como variables.

3. Los tipos de clientes editoriales...

    a. ... son siempre consumidores finales ya que los editores siempre desarrollan todo el proceso productivo.

    b. ... son minoristas o distribuidores y consumidores finales según el desglose de la cadena desde la producción hasta la venta final.

    c. ... son siempre minoristas porque es el tipo de distribución más apropiado para el sector.

    d. ... genéricamente son minoristas o clientes finales aunque este último grupo se divide en varios mercados según el producto.

4. La divulgación especializada trata temas...

    a. ... normalmente científicos destinados a universidades.

    b. ... diversos con contenidos destinados a la obtención de certificados oficiales de estudios.

    c. ... que tienen como finalidad ayudar al lector.

    d. ... diversos redactados en forma de prosa y poesía.

5. Los productos sustitutos...

    a. ... nunca son competidores ya que operan en otros mercados.

    b. ... pueden suponer una amenaza siempre y cuando cubran la misma necesidad al consumidor y partan del mismo presupuesto para satisfacerla.

    c. ... son competidores directos que actúan en el mismo segmento/mercado.

    d. ... no existen en el mercado editorial.

6. ¿Cuál de las siguientes respuestas es correcta?

    a. Un número elevado de empresas en un mismo sector intensifica la competencia directa.

    b. Las barreras de salida posibilitan que las empresas permanezcan en el mercado.

    c. La competencia potencial es alta cuando los costes fijos y las inversiones iniciales en la actividad son bajas.

    d. Todas las respuestas anteriores son correctas.

7. ¿Cuál de las siguientes respuestas es correcta?

a. Cuando el producto está estandarizado es más fácil acceder al mercado por parte de competidores potenciales.

b. El fácil acceso a los canales de distribución posibilita que las empresas entren en el sector.

c. La alta competencia en el sector no afecta a la cuota de mercado de cada una de las empresas integrantes, ya que esta está determinada por las inversiones en publicidad y otros elementos del *marketing mix*.

d. La especialización constituye una forma de aumento de la cuota de mercado.

8. ¿Qué respuesta es correcta sobre los tipos de productos?

a. Los productos incógnita pueden presentar pérdidas y ser retirados del mercado.

b. Los productos estrella constituyen el bien más preciado de la empresa porque los diferencia del resto de competidores y se obtienen grandes beneficios.

c. Las empresas buscan que los productos estrella se conviertan en productos vaca para aumentar su rentabilidad absoluta.

d. Las respuestas b y c son correctas.

9. En cuanto a las fases del producto, ...

a. ... en la fase de declive el producto más representativo es el "perro", no hay mercado para el producto y las ventas caen.

b. ... la fase de madurez se caracteriza por ventas en aumento y diversidad de competidores.

c. ... el producto característico de la fase de crecimiento es el incógnita.

d. Todas las respuestas anteriores son correctas.

10. Enumere las características principales de los manuales profesionales como mercado editorial.

_____

_____

_____

_____

11. **Cite las etapas del proceso de segmentación de mercados.**

_____

_____

_____

_____

_____

12. **Relacione los siguientes eslóganes publicitarios con su estrategia de posicionamiento.**

    a. "El mejor precio del mercado. Si encuentra algo más barato le devolvemos su dinero".

    b. "Venta exclusiva de la nueva obra del reciente Nobel de Literatura".

    c. "Todos nuestros productos ofrecen la más alta calidad en encuadernación y materiales".

    d. "Rarezas literarias en versión coleccionista".

    __ Nicho de mercado.

    __ Diferenciación por precio.

    __ Diferenciación por exclusividad en la distribución.

    __ Diferenciación por la calidad en el producto.

13. **Determine qué tipo de preguntas destinadas a encuestas son las siguientes.**

    ▪ ¿Con qué frecuencia adquiere prensa diaria?

    ▪ ¿Tienen hijos?

    ▪ ¿Qué busca principalmente en productos literarios destinados a sus vacaciones?

    ▪ ¿Suele regalar libros?

14. **Relacione los siguientes colectivos con su mercado editorial más acorde según la lista dada:**

    a. Familias con hijos en edad escolar.

    b. Solteros con gran capacidad adquisitiva.

    c. Adolescentes.

    d. Personal docente universitario.

___ Narrativa y poesía de alta calidad.
___ Libros de texto.
___ Divulgación especializada.
___ Literatura juvenil.

15. Encuentre algunos de los mercados editoriales en la sopa de letras:

Z	J	L	W	E	Y	A	R	R	A	U	K	Q	U
Q	Ñ	N	A	R	R	A	T	I	V	A	O	S	P
U	I	T	G	X	N	L	I	T	N	A	F	N	I
A	E	I	O	I	O	O	U	M	G	M	C	A	T
B	X	W	E	T	I	V	D	R	J	Q	O	E	B
R	O	A	X	P	R	E	N	S	A	P	O	Q	P
M	N	E	Y	A	Y	A	I	Ñ	K	W	Y	L	N
U	T	S	Q	H	A	D	U	Y	A	O	T	U	A
M	C	T	S	T	C	V	E	D	N	F	E	V	F
D	I	V	U	L	G	A	C	I	O	N	C	W	B

Métodos de costes

Contenido

1. Introducción

Como ya se ha visto anteriormente, el presupuesto es una relación de recursos y actividades detalladas de forma previa a la producción. Dicha herramienta no serviría de nada si después no se compara el resultado previsto con el real, y es aquí donde actúa el control presupuestario. A continuación, se va a estudiar el proceso de control presupuestario, estableciendo sus fases y procesos de actuación, así como medidas correctoras que normalicen los resultados no satisfactorios.

Como ya se ha visto, al iniciar el proceso de control presupuestario se calculan las desviaciones y también hay que tener en cuenta conceptos de *marketing*. En este capítulo, se unen ambas disciplinas para explicar el motivo de esas desviaciones y encontrar su solución desde el punto de vista del *marketing*. En concreto, se hace un estudio de las desviaciones, tanto técnicas como económicas, en los presupuestos de ventas, compras y mano de obra, y se exponen sus motivos.

Uno de los principales objetivos de toda empresa es obtener rentabilidad, y los presupuestos también ayudan a estudiar dicha rentabilidad de forma previa. Gracias a las previsiones en compras y ventas pueden elaborarse los estados contables previsionales y de ahí el cálculo de ratios de rentabilidad que luego podrán ser comparados con los reales. También es importante calcular e interpretar los principales ratios económicos y financieros utilizados en contabilidad.

Los estudios de mercado y demás procedimientos de *marketing* son muy útiles para hacer previsiones, pero también constituyen un coste adicional. El estudio de presupuestos históricos disponibles en la empresa da pistas sobre las tendencias en ventas y su estacionalidad, entre otras variables. A continuación, también se va a detallar con ejemplos y actividades cómo es el proceso de recogida de información a partir de históricos y su interpretación y aplicación a nuevos presupuestos.

2. Control presupuestario

El control presupuestario es el proceso de comprobación del cumplimento de los objetivos previstos en los presupuestos y el desarrollo de medidas correctivas en caso de que se produzcan desviaciones entre lo planificado y los resultados reales.

Las etapas del proceso de control presupuestario son:

- Comparación de resultados reales con los previstos tanto en recursos monetarios como en actividades.
- Identificar y cuantificar las diferencias.
- Detectar el lugar de origen y motivo de las desviaciones. Esta concreción ayudará a encontrar la mejor solución al problema.
- Diseñar y aplicar las medidas correctoras necesarias.
- Seguimiento de las medidas impuestas y uso de la retroalimentación para evitar que ocurran las mismas desviaciones en el futuro.

Para que el proceso de control sea posible y satisfactorio debe cumplirse una serie de premisas:

- Los objetivos planteados en presupuestos deben ser reales y factibles según la situación, estructura y capacidad productiva de la empresa. Si se plantean objetivos demasiado satisfactorios la empresa nunca llegará a ellos, perdiendo el presupuesto su finalidad, la de hacer predicciones sobre hechos reales.
- Debe crearse un sistema de gestión del control presupuestario con responsables y tareas bien definidas. Todos los integrantes deben conocer qué posiciones ocupan dentro del proceso de control y qué tareas tienen, de cara a pedir responsabilidades futuras por incumplimientos.
- La información debe fluir por toda la estructura de la organización para que se produzca más fácilmente la retroalimentación. La contabilidad es una de las fuentes de información primordiales en la gestión del control. Gracias a ella se comparan estados previsionales con estados contables reales.

Esquema de control presupuestario

```
┌──────────────┐        ┌───────────────────────┐
│ Objetivos de │        │ Adopción de acciones  │◀┐
│ la empresa   │╲       └───────────────────────┘ │
└──────────────┘ ╲                  │             │
                  ╲                 ▼             │
                   ▶│ Resultados esperados │◀─────┤
                    └──────────────────────┘      │
                                 │                 │
┌────────────────────┐          ▼                 │
│ Resultados Actuales │───────▶│ Comparación │     │
└────────────────────┘         └─────────────┘     │
                                 │                 │
                                 ▼                 │
                         ┌────────────────┐        │
                         │  Desviaciones  │────────┘
                         └────────────────┘
```

Nota

Los estados previsionales son cuentas elaboradas a partir de las previsiones de compras y ventas de los presupuestos. Tienen una estructura similar a las principales cuentas anuales contables de presentación obligatoria. A partir de los estados previsionales pueden hacerse estudios de la rentabilidad prevista para la empresa.

La gestión del sistema de control presupuestario es ante todo un sistema de información complejo donde intervienen varios integrantes de la organización. El envío, consulta y comparación de datos son procesos continuos que requieren un método eficaz de gestión de archivos.

A nivel práctico, las hojas de cálculo posibilitan la creación de presupuestos, su consulta y comparación. Son herramientas fáciles de usar y cuyo conocimiento y manejo es generalizado. Son útiles en empresas de poco tamaño donde el control presupuestario es responsabilidad de pocas personas. Cuando las fuentes de información son muy diversas y la cantidad de datos considerable, las hojas de cálculo resultan de difícil manejo e incluso obsoletas para algunos casos. Es cuando la empresa debe plantearse otros métodos prácticos de control.

Ejemplo

Las hojas de cálculo permiten la creación de plantillas útiles para realizar el mismo presupuesto varias veces. Además, los programas de cálculo más usuales, como *Excel* de *Microsoft Office y Calc de Libreoffice,* ofrecen plantillas ya elaboradas para presupuestos descargables del propio programa o de su página web. Aunque exista esta opción siempre es mejor que la empresa cree sus propias plantillas o personalice las anteriores con las partidas que necesita. La siguiente imagen muestra un ejemplo de plantilla de gastos para el mes de enero.

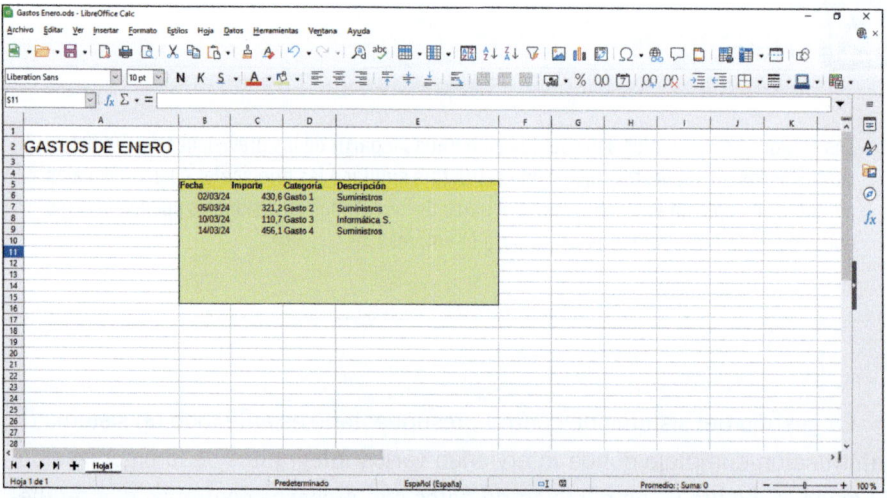

Los programas contables y de facturación incorporan a menudo herramientas de creación de presupuestos, su consulta y comparación con estados contables. También permiten durante la confección de presupuestos el cambio en algunas variables para ver distintos resultados.

 **Nota**

Algunos de los *softwares* más usados para gestionar la contabilidad y la facturación de las empresas son DELSOL (TeamSystem), holded, ERP Selene, Mgest ERP o Jasmin.

Los programas de control presupuestario generales y los diseñados a medida por la empresa son herramientas específicas que realizan las mismas funciones anteriores pero con un nivel de detalle superior. Abarcan distintos centros de coste, áreas geográficas, responsables o productos, y permiten más simulaciones cambiando varias variables. También establecen históricos con porcentajes de cambio entre distintos años e incorporan cálculos de desviaciones.

Algunas empresas incorporan un cuadro de mando de control presupuestario, que es un sistema integral de control donde se relacionan varias áreas. Este sistema aporta una visión global de la situación de la empresa donde además pueden localizarse los focos de desviaciones ya que el control presupuestario se hace a todos los niveles (ventas, compras, recursos humanos, amortizaciones, inversiones, tesorería, financiación externa, etc.). Las principales ventajas de su implantación son: mayor accesibilidad a los mismos datos por parte de todos los integrantes, mayor consenso en la toma de decisiones, mayor credibilidad frente a terceros y una mejor organización sobre todo para empresas de gran tamaño.

El control presupuestario incluye varias técnicas, y entre ellas destacan el estudio de las desviaciones (ya visto anteriormente), el análisis de ratios o cambios porcentuales y el método *checklist*.

El análisis de ratios o cambios porcentuales entre variables examina los cambios en distintas variables, desde los datos presupuestados hasta los reales. Este método puede aplicarse a cualquier presupuesto realizado en la empresa siempre comparándolo con su estado real. También es de aplicación a los estados contables previsionales con los estados reales obtenidos al final del periodo. Para poder hacer comparaciones es necesario que los datos estén presentados en el mismo formato.

Esquema del proceso presupuestario.

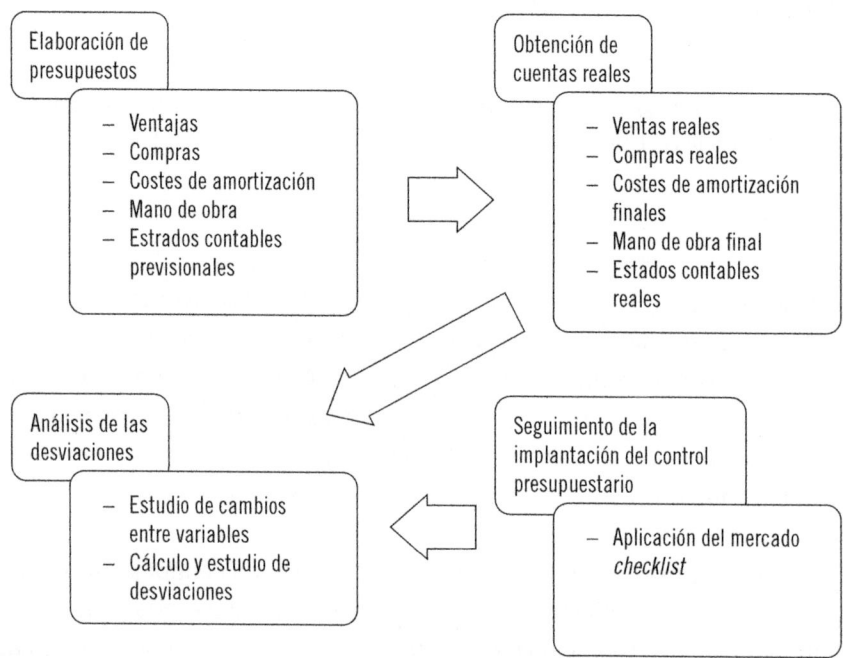

El método del checklist es el último e indica el uso y la conveniencia del control presupuestario

Ejemplo

El siguiente ejemplo ilustra la comparativa entre el presupuesto de ventas y las ventas reales.

	Ventas presupuestadas	Ventas reales	Diferencia mensual	% de variación
Enero	1590	1567	-23	-1,45 %
Febrero	1230	1230	0	0,00 %
Marzo	3567	4322	755	21,17 %
Abril	3567	3890	323	9,06 %
Mayo	3678	3999	321	8,73 %

Continúa en página siguiente >>

<< Viene de página anterior

	Ventas presupuestadas	Ventas reales	Diferencia mensual	% de variación
Junio	2134	1877	-257	-12,04 %
Julio	2156	1322	-834	-36,68 %
Agosto	1456	878	-578	-39,70 %
Septiembre	3256	4780	1524	46,81 %
Octubre	1278	987	-291	-22,77 %
Noviembre	1390	1098	-292	-21,01 %
Diciembre	3560	3560	0	0,00 %
TOTALES	28862	29510	648	2,25 %

En la tercera columna se muestra la diferencia entre las unidades vendidas y las presupuestadas. Los valores negativos indican que no se han cumplido las previsiones, los positivos que las ventas ha sido mayores y los valores cero que no hay cambios.

La cuarta columna es el porcentaje de variación entre las dos primeras columnas.

Aunque las ventas reales hayan sido menores de las esperadas en algunos meses, las ventas totales se han incrementado en un 2,25 %. El año ha sido satisfactorio aunque es conveniente revisar los meses a la baja para analizar las causas de esos datos. Quizá la empresa necesite ser más visible ante sus clientes o diseñar mejor su estrategia de *marketing*.

El *checklist* del presupuesto permite conocer si el proceso de control presupuestario es el adecuado a las características de la empresa. Se hace a través de un formulario con preguntas que deben contestar los responsables de la elaboración de presupuestos y control presupuestario y directivos medios y superiores si así lo estima la empresa.

El análisis de la información arrojada por este método es útil para conocer si se está implantando el proceso de control en la empresa, si este es eficiente o si las herramientas para realizarlo son las ideales entre otros aspectos. El método del *checklist* no está estandarizado y la forma y el tipo de preguntas dependen de los objetivos de la organización.

Normalmente este método se aplica en dos etapas: *checklist* para la elaboración del presupuesto y *checklist* para el control presupuestario.

Ejemplo

El siguiente cuadro analiza la conveniencia y utilidad de los presupuestos y cómo han sido elaborados en la empresa. La evaluación va en escala de 1 a 5, siendo 1 la menor puntuación y 5 la máxima.

PREGUNTAS	EVALUACIÓN
¿Sigue el presupuesto operativo las pautas dadas en la planificación estratégica?	1 2 3 4 5
¿Se analizan presupuestariamente las partidas más importantes de gastos e ingreso en la empresa?	1 2 3 4 5
¿Son los presupuestos una herramienta de gestión adecuada de los recursos?	1 2 3 4 5
¿Están asignados los responsables de cada área presupuestaria?	1 2 3 4 5
¿Busca el presupuesto objetivos reales y factibles?	1 2 3 4 5
¿Los presupuestos son claros y entendibles por todos los miembros de la organización?	1 2 3 4 5
¿Es adecuada la relación entre el tiempo empleado en la elaboración de presupuestos y su utilidad por parte de la empresa?	1 2 3 4 5

Las siguientes preguntas se corresponden al *checklist* del control y seguimiento presupuestario:

PREGUNTAS	EVALUACIÓN
¿Coinciden y son comparables las estructuras de los presupuestos con los datos reales?	1 2 3 4 5
¿Coinciden y son comparables las estructuras de los estados previsionales con los estados reales?	1 2 3 4 5

Continúa en página siguiente >>

<< Viene de página anterior

PREGUNTAS	EVALUACIÓN
¿Son de fácil acceso los datos reales y presupuestarios por parte de los responsables del control?	1 2 3 4 5
¿Se han calculado las desviaciones?	1 2 3 4 5
¿Se han analizado las desviaciones para conocer su origen?	1 2 3 4 5
¿Son útiles las herramientas de control presupuestario implantadas por la empresa *(software* y aplicaciones)?	1 2 3 4 5
¿Han resultado útiles las técnicas de control presupuestario para estudiar nuevas estrategias de *marketing?*	1 2 3 4 5

3. Desviación entre presupuesto y coste

El análisis de desviaciones es la tarea principal del control presupuestario, donde se determina qué partidas y en qué medida han cambiado con respecto al presupuesto. Esta concreción por partidas hará posible determinar el origen de la desviación.

De manera genérica las desviaciones pueden ser favorables o desfavorables. Las que representan consecuencias negativas para la empresa son las desfavorables, donde el resultado obtenido es menor que el presupuestado. En las desviaciones favorables el resultado es mayor que el presupuestado, y son positivas para la empresa aunque también es necesario hacer un estudio sobre ellas. La empresa podría estar teniendo mayor demanda de productos por un crecimiento del mercado o una mayor presencia en este, lo que podría traducirse en la necesidad de mayor capacidad productiva.

Para hacer un estudio más específico sobre las desviaciones hay que centrarse en los presupuestos: de ventas, compras, mano de obra y costes de amortización; además de uno adicional, el de estados previsionales.

En todas ellas el procedimiento de control es similar, se detecta el foco de desviación y se estudian alternativas para solucionarlo.

3.1. Desviaciones en ventas

El presupuesto de ventas incluye, con carácter general, el precio de venta, el número de unidades vendidas y la cantidad total de venta. El periodo al que haga referencia está determinado por las necesidades de la empresa.

Las desviaciones posibles en ventas son económicas o técnicas. Las técnicas son cambios en la cantidad vendida y las económicas cambios en el precio.

Cuando las desviaciones técnicas son desfavorables pueden deberse a alguno o a varios de los siguientes factores, aunque siempre habría que estudiar la situación particular de cada empresa:

- La empresa está obteniendo una menor cuota de mercado porque existen más empresas competidoras.
- La empresa tiene menos notoriedad en el mercado porque no ha hecho una campaña publicitaria eficaz o ha sido inexistente.
- El mercado en el que opera la empresa está decreciendo ya sea porque existen productos competidores que han desviado la demanda o por menor capacidad adquisitiva de los consumidores.
- El producto o servicio ofertado está en su etapa de declive.
- Hay restricciones normativas que detraen la demanda.
- Existen deficiencias en la red de distribución.

Ejemplo

Imagine que tras los presupuestos realizados para este año y parte de la producción elaborada, aparece una nueva normativa que restringe el uso de un adhesivo industrial que su empresa usaba en la encuadernación de libros. Dicho cambio afecta directamente a las ventas, donde se produce una desviación técnica. La empresa debe cambiar directamente el material utilizado, estudiando la oferta de los proveedores que ya tiene o buscando otros nuevos.

Cuando las desviaciones son económicas y desfavorables, la empresa tiene que vender a un precio menor que el presupuestado. Algunos de los factores que podrían ocasionar esta situación son:

- Bajada drástica de los precios de la competencia que haga que la empresa baje los suyos para ser competitiva.
- Errores en los cálculos de costes que determinan el precio.
- Cambios en el porcentaje de rentabilidad obtenido o errores en su cálculo inicial.
- Cambios en las condiciones de precio a los distribuidores, que no acepten el precio presupuestado.
- Diferentes precios en materias primas o mayor poder de negociación de los proveedores para cambiar condiciones.

 Ejemplo

Por un cambio en la directiva de la empresa, los nuevos ejecutivos exigen un mayor porcentaje de rentabilidad en cada producto, lo que afecta a las previsiones realizadas para ese año. La rentabilidad exigida antes del cambio era del 22 % y ahora del 26 %, provocando subidas en el precio.

Pero no siempre las desviaciones técnicas y económicas en ventas son desfavorables. La empresa puede encontrarse con mejores resultados de los esperados. Aunque sea una situación positiva, deben estudiarse las razones del cambio, sobre todo para realizar futuros pronósticos de ventas.

3.2. Desviaciones en compras

Pueden ser técnicas y económicas aunque a nivel práctico suelen presentarse más las de tipo económico.

Las desviaciones técnicas se originan por cambios en la cantidad suministrada de materias primas, productos elaborados directos para la venta o cualquier producto o servicio necesario para realizar la actividad. Las posibles desviaciones se producen por:

- Errores de suministro por parte de proveedores.
- Materiales o productos defectuosos que hagan necesaria la compra de más unidades.
- Finalización de contratos de suministro con proveedores o quiebra.
- Errores o demoras en el transporte de materiales.

 Ejemplo

Ciertas ediciones de libros llevan un embalaje especial que incluye una caja. El proveedor de cajas ha realizado el envío de la cantidad correcta pero algunas de ellas están defectuosas, por lo que debe hacerse un nuevo pedido. La desviación en compras es técnica ya que la cantidad de cajas necesaria para la producción ha resultado ser mayor a la esperada.

Las desviaciones económicas tienen origen en el cambio de precios de los materiales. Sus razones son varias:

- Cambio de precios por parte de los proveedores.
- Cambio de proveedores.
- Poca capacidad de negociación por parte de la empresa, donde el poder es ejercido por los proveedores.
- Pedidos adicionales de materiales donde se apliquen precios distintos.
- Aplicación de descuentos y productos regalo por parte del proveedor. Este caso daría lugar a una desviación económica positiva o favorable.

Actividades

1. Una gran distribuidora que opera a nivel nacional vende libros de una pequeña editorial dedicada a nuevos autores. Señale quién tendría más poder de negociación en este caso, el productor o el distribuidor y cómo afectaría esto a los posibles contratos entre ambas.
2. Comente de qué forma afecta la entrega fuera de plazo de la materia prima en términos de coste y qué ocurre en este caso con la mano de obra permanente de la empresa.

Aplicación práctica

Editale S. L., empresa dedicada a la edición de fascículos coleccionables, debe recibir de su proveedor de papel la materia necesaria para fabricar el próximo pedido. La entrega se realiza con dos días de retraso, obligando a Editale a posponer la producción. Para intentar remediar la situación, el proveedor decide ofrecer un descuento del 20 % sobre el total.

Editale debe organizar de nuevo su producción, pero por suerte tiene margen de tiempo con su cliente por lo que *a priori* no sufre ninguna pérdida.

¿Se ha producido alguna desviación? ¿De qué tipo?

SOLUCIÓN

Al no producirse repercusiones en costes ni resultar el cliente afectado, no hay desviaciones negativas.

Sí aparece una desviación económica positiva, al ser el precio total de la materia prima menor. El coste real será menor al estándar y el coste unitario del producto es más bajo.

3.3. Desviaciones en mano de obra

El presupuesto de mano de obra posibilita que se hagan las contrataciones necesarias. La sobrecontratación implica costes adicionales y la contratación insuficiente de personal tampoco es viable ya que la producción no se llevaría a cabo.

Al igual que antes, la desviación técnica se produce por falta o exceso de personal. Los motivos más comunes son:

- Huelgas o absentismo generalizado que provoque paros en la producción.
- Errores en el cuadro de horarios por parte de recursos humanos.
- Errores en el envío de personal por parte de empresas de trabajo temporal.
- Personal poco experimentado que haga necesaria la contratación de más personas.

Las desviaciones de tipo económico se producen por cambios en el costes de la mano de obra. Aumentos salariales reconocidos por convenio o nuevas cuotas de empresas de trabajo temporal son las razones más comunes de desviación de este tipo.

 Recuerde

Las desviaciones en mano de obra tienen las mismas causas independientemente de que el coste de mano de obra sea fijo o variable. El personal contratado por la empresa de forma permanente tiene el carácter fijo y el contratado por empresas de trabajo temporal es variable.

3.4. Desviaciones en costes de amortización

Los costes de amortización son fijos y no suelen presentar desviaciones. Tal como ya se ha estudiado, tan solo hay que calcular la cuota una vez elegido el método de amortización e imputarla como gasto del periodo.

Tan solo hay un caso en el que pueden presentarse desviaciones en la cuota, y se produce al aplicar un método de amortización basado en unidades de producto elaboradas u horas/máquina.

La cuota de amortización se calculaba por la fórmula:

$$Cuota_n = \frac{(Valor\ inicial - Valor\ residual)\,A_n}{T}$$

 **Definición**

Horas/máquina
Término usado en contabilidad de costes para hacer referencia al número de horas necesario en la elaboración de una unidad de producto.

Pues bien, si las unidades previstas no son iguales a las producidas finalmente, además de aparecer una desviación técnica en productos elaborados se tiene un cambio en la cuota de amortización que también se considera como coste en el presupuesto inicial.

 Actividades

3. Señale si las vacaciones de los trabajadores ocasionarían en algún caso una desviación en mano de obra. Justifique la respuesta.
4. Repase y describa los diferentes métodos de amortización.

3.5. Desviaciones de estados previsionales

La elaboración de presupuestos termina con los estados financieros previsionales, que constituyen un adelanto de los estados contables más habituales (balance, cuenta de pérdidas y ganancias y estado de flujos de efectivo).

Los estados previsionales son tres:

- **Cuenta de resultados previsional:** realizada en base a los presupuestos de compras y ventas. Su estado contable real sería la cuenta de pérdidas y ganancias.
- **Presupuesto de tesorería:** se haría en función de los presupuestos de compras y ventas, teniendo en cuenta la forma de cobro y pago y su momento. Su cuenta contable anual correspondiente es el estado de flujos de efectivo.
- **Balance previsional.** Tiene en cuenta para su elaboración los activos que tenía la empresa antes del periodo y las cuentas con proveedores y clientes provenientes de las previsiones de compras y ventas. Su estructura corresponde al balance contable.

TESORERÍA	Año 20XX
Cobros de explotación	348.023,00 €
Por ventas	345.678,00 €
Otros ingresos de explotación	2.345,00 €
Pagos de explotación	206.700,00 €
Compras	103.456,00 €
Mano de obra	98.760,00 €
Impuestos	2.459,00 €
Suministros	1.765,00 €
Otros pagos	260,00 €
TESORERÍA EXPLOTACIÓN	141.323,00 €
Cobros por operaciones financieras	12.413,00 €
Créditos	12.390,00 €

Continúa en página siguiente >>

<< Viene de página anterior

Otras operaciones financieras	23,00 €
Pagos por operaciones financieras	1.345,00 €
Intereses y principal de deuda	1.345,00 €
TESORERÍA POR OPERACIONES FINANCIERAS	11.068,00 €
Cobros por operaciones de inversión	- €
Ventas de inmovilizado	- €
Pagos por operaciones de inversión	- €
Compras de inmovilizado	- €
TESORERÍA POR OPERACIONES DE INVERSIÓN	- €
TESORERÍA DEL PERIODO	152.391,00 €

Ejemplo de presupuesto de tesorería, donde se detallan tres apartados: tesorería proveniente de la explotación (actividad de la empresa), operaciones financieras y operaciones de inversión y desinversión (venta de inmovilizado)

Además del presupuesto de tesorería conforme al estado de flujos de efectivo, existen otros presupuestos de tesorería con estructuras diferentes. La siguiente tabla muestra una plantilla de presupuesto en la que solo se tienen en cuenta los gastos e ingresos más comunes en la empresa, además de otros conceptos como el nivel de tesorería mínimo y el saldo de cuentas.

	PRESUPUESTO DE TESORERÍA			
	1º TRIMESTRE	2º TRIMESTRE	3º TRIMESTRE	4º TRIMESTRE
Saldo inicial				
ENTRADAS				
Aportaciones de socios				
Ventas				
Préstamos				
Subvenciones				
SALIDAS				
(Compras)				
(Seguridad social)				
(Amortización de préstamo)				
(Suministros)				

Continúa en página siguiente >>

<< Viene de página anterior

	PRESUPUESTO DE TESORERÍA			
	1º TRIMESTRE	2º TRIMESTRE	3º TRIMESTRE	4º TRIMESTRE
SALDO				
Caja				
Bancos				
MARGEN DE SEGURIDAD				

Para realizar el control de las desviaciones tan solo hay que comparar los resultados de los estados previsionales con los reales obtenidos una vez cerrada la contabilidad al final del periodo.

Los programas de contabilidad actuales permiten hacer estas comparaciones automáticamente, estableciendo incluso porcentajes de cambio en las mismas partidas. Además, permiten que no haya que esperar hasta el final del año, momento de presentación de las cuentas anuales, para realizar el control; es posible obtener balances, cuentas de resultados y estados de flujos de efectivo de forma progresiva (mensualmente, trimestralmente, etc.) para compararlos con los estados previsionales con la misma periodicidad.

Las siguientes tablas muestran un ejemplo de balance y cuenta de resultados previsional. En ambas se sigue la estructura de las cuentas anuales a las que hacen referencia.

BALANCE PREVISIONAL	
	20XX
ACTIVO	
1. Activo No Corriente	**29.570,00**
Gastos de establecimiento	0,00
Inmovilizado material (MOBILIARIO)	6.000,00
Inmovilizado material (CONSTRUCCIONES)	15.000,00
Inmovilizado inmaterial (APLICACIONES INFORMÁTICAS)	3.500,00
Inmovilizado material (EQUIPOS INFORMÁTICOS)	3.500,00

Continúa en página siguiente >>

<< Viene de página anterior

Inmovilizado material (IMPRESORA LÁSER)	5.000,00
Otro inmovilizado material	1.200,00
Inmovilizado inmaterial (PROPIEDAD INDUSTRIAL)	300,00
(-) Amortización Acum. inmovilizado material	- 4.870,00
(-) Amortización Acum. inmovilizado inmaterial	-60,00
2. Activo corriente	**48.936,74**
Caja	450,00
Bancos	43.801,74
Clientes	4685,00
TOTAL ACTIVO (1+2)	**78.506,74**
PATRIMONIO NETO Y PASIVO	
3. Fondos Propios	**56.962,58**
Aportaciones de Capital	24.000,00
Reservas	0,00
Rdos. ejer. anteriores	0,00
Rdo. del ejercicio	32.962,58
4. Pasivo No Corriente	**18.031,51**
Deudas a largo plazo	14.050,60
Deudas a largo plazo arrendamiento financiero	3.980,91
5. Pasivo Corriente	**3.512,65**
Deudas a corto plazo	3.512,65
	0,00
TOTAL P.N. + PASIVO (3+4+5)	**78.506,74**

Ejemplo de balance previsional

Cuenta de resultados previsional	
	20XX
1.Ingresos de explotación	61.482,20
	61.482,20
2. Gastos de explotación	36.030,00
Dotación amortizaciones	4.870,00
Cuota Seguridad Social Autónomos	0,00

Continúa en página siguiente >>

<< Viene de página anterior

Cuenta de resultados previsional	
	20XX
Arrendamientos	8.400,00
Suministros luz	1.512,00
Suministros teléfono	1.120,00
Suministros agua	388,00
Publicidad y propaganda	1.000,00
Sueldos y salarios	12.500,00
Servicios de Profesionales Independientes (ABOGADOS)	500,00
Servicios de Profesionales Independientes (PROTEC. DATOS)	0,00
Servicios de Profesionales Independientes (MANTEN. INFORMAT.)	360,00
Reparaciones y Conservación	120,00
Primas de seguros (RESPONSABILIDAD CIVIL)	600,00
Otros servicios (LIMPIEZA)	1460,00
Otros servicios (DIETAS Y DESPLAZAMIENTOS)	3.200,00
3. RDOS. EXPLOTACIÓN (1-2)	**25.452,20**
4. Ingresos financieros	**0,00**
Ingresos financieros	0,00
5.Gastos financieros	**743,18**
Intereses de préstamos	493,64
Intereses arrendamiento financiero	169,54
Otros gastos financieros	80,00
6. RDOS. FINANCIEROS (4-5)	**-743,18**
7. Ingresos extraordinarios	**0,00**
Subvenciones recibidas	0,00
8. Gastos extraordinarios	**0,00**
Gastos extraordinarios	0,00
9. RDOS. EXTRAORDINARIOS (7-8)	**0,00**
	0,00
10. RDO. ANTES IMPUESTOS (3+6+9)	**24.709,02**
11. Impuesto sobre sociedades	**7.412,71**
12. BENEFICIO NETO (10-11)	**17.296,31**

Ejemplo de cuenta de resultados previsional

Actividades

5. Busque en Internet balances reales de empresas y compárelos con los balances previsionales de los ejemplos del manual. Señale qué similitudes encuentra en sus estructuras.
6. Comente qué partidas debe incluir la cuenta previsional de resultado o pérdidas y ganancias.

4. Rentabilidad del producto

De forma genérica se puede decir que el producto es rentable cuando el precio de venta es capaz de cubrir los costes fijos, los variables y el margen impuesto por la empresa. El reparto unitario de costes variables es sencillo, tan solo hay que determinar el número de unidades que se necesitan para producir el producto. Los costes fijos son diferentes, porque son asumidos por la empresa independientemente del nivel de producción y deben atribuirse a la actividad globalmente. Es en este punto donde es necesario calcular el umbral de rentabilidad o nivel de ventas (en ventas globales o en unidades) necesarias que cubran los costes fijos y variables. A partir de dicho nivel es cuando la empresa empieza a obtener beneficio.

La fórmula del umbral de rentabilidad por cantidad de venta es:

$$Punto\ de\ equilibrio = \frac{Costes\ fijos}{1 - Tanto\ por\ uno\ de\ costes\ variables\ sobre\ ventas}$$

Si el resultado es en unidades, la fórmula es:

$$Punto\ de\ equilibrio = \frac{Costes\ fijos}{Precio\ unitario\ de\ venta - Coste\ variable\ unitario}$$

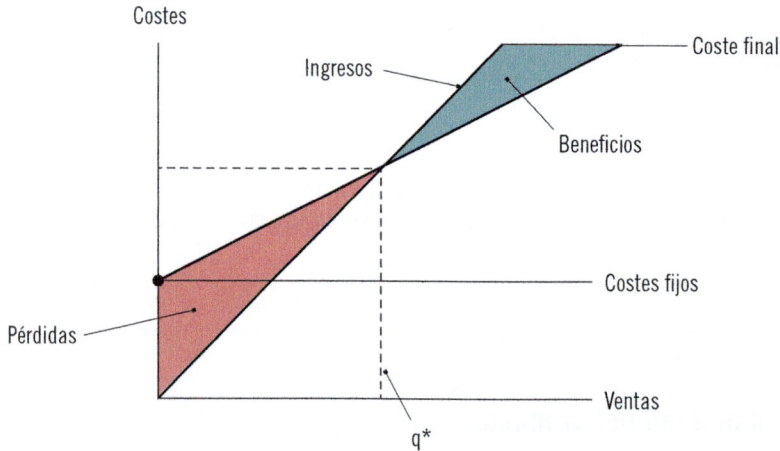

Representación gráfica del punto de equilibrio (q*), donde quedan cubiertos los costes fijos y variables. Todas las ventas por encima de ese punto suponen beneficio para la empresa tal como indica el área azul del gráfico. Los niveles de ventas situados en el área rosada presentan una rentabilidad negativa, donde la empresa debería poner recursos propios para financiar la actividad.

 **Nota**

El punto de equilibrio o umbral de rentabilidad también se denomina punto muerto.

 **Ejemplo**

Una empresa está soportando unos costes fijos de 500 um y un 30 % de costes variables sobre ventas. Las ventas del periodo han sido de 1200 um. El punto de equilibrio es:

$$\text{Punto de equilibrio} = \frac{500}{1-0,3} = 714,28 \text{ um}$$

La empresa está obteniendo beneficios ya que el umbral de rentabilidad se sitúa en 714,28 um y la empresa ha efectuado ventas por valor de 1200 um.

Continúa en página siguiente >>

<< Viene de página anterior

Otra empresa tiene costes fijos de 600 um, el coste variable unitario es de 5,23 um y el precio de venta es 7,50. Ha vendido 240 unidades.

$$\text{Punto de equilibrio} = \frac{600}{7,50 - 5,23} = 264,31 \text{ um}$$

La empresa no consigue llegar al punto de equilibrio, y no está obteniendo rentabilidad en sus ventas.

---

5. Ratios de rentabilidad

El análisis de la rentabilidad de la empresa parte de la cuenta de pérdidas y ganancias y del balance o en su defecto los estados contables previsionales. En ambos casos, el cálculo de la rentabilidad tiene dos vertientes: el análisis económico y el financiero.

La rentabilidad económica (RE) mide la rentabilidad de los activos de la empresa sin tener en cuenta su financiación. La fórmula es la siguiente:

$$RE = \frac{BAII}{AT}$$

Donde:

- BAII: beneficio antes de intereses e impuestos (o resultado de la explotación).
- AT: activo total.

Si se multiplica la fórmula anterior por el factor $\dfrac{Ventas}{Ventas}$, se obtiene:

$$RE = \frac{BAII}{Ventas} \cdot \frac{Ventas}{AT}$$

Donde:

■ BAII: beneficio antes de intereses e impuestos (o resultado de la explotación).
■ AT: activo total.
■ Ventas: nivel de ventas (cuenta de resultados).

Cuanto más elevado es este ratio (RE), la rentabilidad que la empresa está obteniendo con sus activos es mayor. El primer elemento de la fórmula descompuesta ($\dfrac{BAII}{Ventas}$) representa el margen de rendimiento económico de las ventas. Indica el margen de beneficios por cada unidad monetaria invertida. Este margen se incrementa por la subida de los precios de los productos o por la bajada en costes. El segundo elemento ($\dfrac{Ventas}{AT}$) representa las ventas o productividad con respecto a los activos invertidos. En sentido figurado mide el número de veces o rotación que se recupera el activo vía ventas.

La rentabilidad financiera (RF) es la rentabilidad de los fondos propios o de los accionistas y depende de la estructura de deuda y capitales propios de la empresa. La fórmula es la siguiente:

$$RF = \frac{BN}{FP}$$

Donde:

- BN: beneficio neto (después de impuestos e intereses).
- FP: fondos propios (patrimonio neto: capital social, reservas y subvenciones no reembolsables).

Al igual que antes, si se aplican los factores $\dfrac{Ventas}{Ventas}$ y $\dfrac{AT}{AT}$, la fórmula quedaría de la siguiente forma:

$$RF = \frac{BN}{Ventas} \cdot \frac{Ventas}{AT} \cdot \frac{AT}{FP}$$

Donde:

- BN: beneficio neto (o resultado del ejercicio).
- FP: fondos propios (patrimonio neto: capital social, reservas y subvenciones no reembolsables).
- Ventas: nivel de ventas.
- AT: activo total.

La rentabilidad de los accionistas será mayor cuanto mayor sea este ratio que mide el beneficio generado en relación al capital aportado por los accionistas.

Al hacer la descomposición, cada una de las partes tiene un significado:

- La primera parte ($\dfrac{BN}{Ventas}$) mide el margen de beneficio sobre el total de ventas. Cuanto mayor sea este margen, la rentabilidad financiera también aumentará, indicando que la empresa ha hecho una mejor gestión en costes o mayores ventas.

- El segundo factor ($\frac{Ventas}{AT}$) es la rotación vista en la descomposición de la rentabilidad económica, donde se representa la productividad de las inversiones.

- El tercer factor ($\frac{AT}{FP}$) está referido al grado de endeudamiento, que está relacionado con el apalancamiento financiero. Cuanto mayor sea el ratio, mayor es el grado de endeudamiento. El efecto apalancamiento financiero se produce cuando la rentabilidad económica es mayor que el interés que la empresa debe pagar por financiarse externamente. La razón está en que los gastos financieros (intereses) son deducibles fiscalmente, mientras que el pago a accionistas (reparto de dividendos) no lo es, de ahí que aumente la rentabilidad financiera al elevarse el nivel de endeudamiento.

El efecto apalancamiento financiero no siempre es positivo, cuando la rentabilidad económica es menor que el tipo de interés, la empresa no está obteniendo los recursos necesarios para pagar la financiación externa. Para salvar la situación la empresa debería poner recursos propios y hacer frente a la deuda, opción poco viable para la empresa y para sus accionistas.

Se puede ver en el siguiente ejemplo:

AÑO 2023	
ACTIVIDAD	
ACTIVO NO CORRIENTE	
Inmovilizado inmaterial	322
Inmovilizado material	698
ACTIVO CORRIENTE	
Materias primas	6
Productos en curso	9
Productos terminados	13
Clientes	145
Tesorería	56
TOTAL ACTIVO	1249

AÑO 2023	
PASIVO	
PATRIMONIO NETO	
Capital social	1000
Reservas	32
PASIVO	
Deudas a l/p	148
Deudas a c/p	35
Proveedores	34
TOTAL PN + PASIVO	1249

AÑO 2023	
Importe	98
Compra de materias primas	-27
Otros ingresos explotación	12
Gastos de personal	-21
Gastos de comercialización	-12
Otras gastos de explotación	-7
Amortización del inmovilizado	-15
Excesos de provisiones	2
Deterioro	-2
Resultado de la explotación (BAII)	28
Ingresos financieros	0
Gastos financieros	-2
Resultado financiero	-2
Resultado antes de impuestos (BAI)	26
Impuestos sobre beneficios	-3
Resultado del ejercicio (BN)	23

Los presupuestos elaborados para el año 2023 han dado como resultado los siguientes estados previsionales:

$$RE = \frac{28}{1249} = 0{,}0224 = 2{,}24\ \%$$

Por cada 100 unidades monetarias invertidas en activo, la empresa está ganando 2,24.

La rentabilidad financiera es:

$$RF = \frac{23}{1032} = 0,0222 = 2,22\ \%$$

Por cada 100 unidades monetarias aportadas por los accionistas, obtienen 2,22.

Actividades

7. La empresa está soportando unos costes fijos de 300 um y un 35 % de costes variables sobre ventas. Las ventas del periodo han sido de 1300 um. Calcule el umbral de rentabilidad e interprételo.
8. Señale por cuáles elementos está formado el patrimonio neto y consulte manuales de contabilidad para ampliar conocimientos sobre el tema.

Aplicación práctica

Una vez revisadas las cuentas anuales y calculada la rentabilidad económica y financiera, los directivos de Editale S. L. se están planteando la posibilidad de endeudarse más para invertir en activos que hagan crecer la actividad. Los resultados obtenidos son:

▪ RE = 24,59 %
▪ RF = 19,23 %

¿Se encuentra la empresa en un momento propicio para el crecimiento? ¿Le recomienda endeudarse si el tipo impositivo es del 9 %?

Continúa en página siguiente >>

<< Viene de página anterior

SOLUCIÓN

Los resultados de ambos indicadores son satisfactorios. La empresa está obteniendo un buen rendimiento de sus activos además de estar desarrollando su actividad de forma eficiente.

A tenor de los indicadores anteriores, la marcha de la empresa es adecuada, por lo que sería recomendable endeudarse. El tipo de interés para financiarse es menor que la rentabilidad económica lo que indica que la empresa podrá hacer frente a sus compromisos de pago de deuda. El efecto apalancamiento financiero es positivo; si el nivel de endeudamiento es mayor la empresa obtendrá mayores beneficios.

 Recuerde

Se denomina activo a todos los bienes y derechos propiedad de la empresa y que son necesarios para el desarrollo de su actividad. Existen dos tipos: los activos no corrientes y los corrientes. Los activos no corrientes o fijos permanecen en la empresa más de un año, como máquinas, terrenos, edificios, vehículos o patentes. Los corrientes permanecen en la empresa menos de un año, como las materias primas o las mercancías.

---

6. Clasificación de proveedores

El estudio de las desviaciones, sobre todo en compras y ventas, pone de manifiesto la importancia de seleccionar y clasificar correctamente los proveedores de la empresa. Entregas fuera de plazo o materias primas defectuosas son algunos ejemplos de desviaciones que la empresa tiene que subsanar, además de tener un coste extra y una mala imagen frente al cliente si este llega a percatarse del error.

La elección de un proveedor u otro es siempre personal, pero existen algunos criterios comunes que ayudan a hacer la mejor selección.

6.1. Criterios económicos

Son el precio, los descuentos, y los gastos de transporte. El precio es determinante en la elección del proveedor aunque no siempre es decisivo. Un buen precio en materias primas conlleva menores costes unitarios de fabricación y mayor competitividad. Por otro lado, el proveedor puede tener los mejores precios pero ser deficiente o de peor calidad en el resto de factores.

Los descuentos reducen los precios generales. Existen de varios tipos:

- **Descuento por pronto pago.** El proveedor premia al cliente con un precio menor, normalmente un porcentaje sobre la venta, por hacer el pago sin aplazamiento.
- **Descuento por volumen o rappel.** Se concede descuento por realizar grandes volúmenes de compra. Pueden ser de dos tipos: acumulativos, donde se va creando un saldo con todas las compras realizadas al proveedor, o no acumulativo, cuando el descuento solo puede ser aplicado en una sola compra.
- **Descuentos por temporada.** El proveedor ofrece mejores precios si las compras se realizan con bastante antelación al inicio de temporada. La ventaja para el proveedor es que puede planificar con tiempo su producción.
- **Descuentos promocionales.** Son precios más bajos de lo habitual por adquirir ciertos productos o grupos de ellos.

El transporte encarece el precio final de la materia, y es importante llegar a buen acuerdo con el proveedor para cubrir este coste. Algunos ofrecen el transporte incluido y otros no, aunque siempre hay que estudiar el caso teniendo en cuenta el resto de factores.

6.2. Criterios de calidad

Son el reconocimiento del proveedor y su histórico de pedidos en la empresa.

Existen proveedores de materias de alta calidad reconocidos en el mercado, y la adquisición de sus productos aporta calidad y reconocimiento de marca a sus clientes.

La imagen de marca también está relacionada con la materia prima usada en la elaboración de sus productos y su calidad. Si la empresa lleva tiempo trabajando con el mismo proveedor, los clientes reconocen esa calidad en sus productos, y no sería buena idea cambiarlo salvo que se encuentre otro similar con mejores prestaciones.

6.3. Criterios de servicio

Son el servicio posventa, la garantía, la forma de pago, la solvencia y la flexibilidad.

La relación con el proveedor no termina una vez efectuada la entrega de la mercancía, ya que el proveedor debe responder del perfecto estado de esta incluso después de entregarla. Es decisivo para la empresa que su proveedor se encargue de ello, no solo en términos de costes extra, sino que se implique activamente en la solución de errores.

La garantía está relacionada con lo anterior aunque va más allá, implica que el compromiso de respuesta ante imperfectos se haga contractualmente.

La forma de pago aplazada da tiempo a la empresa a recuperar la inversión realizada. El aplazamiento tiene sus limitaciones, y actualmente el cobro de pagarés se realiza como máximo a tres meses.

 **Nota**

El pagaré es un título de crédito donde el firmante se obliga a pagar a su vencimiento una cantidad previa entrega de factura. Los vencimientos son a 30, 60 y 90 días.

La solvencia del proveedor también es determinante, sobre todo en los últimos tiempos donde tantas empresas han desaparecido. La quiebra de un proveedor que esté suministrando el servicio en ese momento provocaría retrasos en la producción, de ahí la importancia de asegurarse de la buena situación económica del proveedor.

La flexibilidad del proveedor en algunos aspectos contractuales como el momento de pedido y la cantidad da mayor margen de actuación a la empresa para que organice su producción.

 Actividades

9. Señale si cree que el precio es siempre el mejor criterio para elegir el proveedor.
10. Describa qué otras formas de pago aplazado conoce.

Una vez tenidos en cuenta todos los criterios anteriores y la lista de proveedores disponibles, la empresa creará su propio fichero de proveedores afines para determinar con cuál de ellos suministrará el servicio e iniciará contactos para la negociación.

Existen dos criterios básicos de clasificación de proveedores: según la naturaleza del suministro y según el grado de relevancia del material suministrado.

Según la **naturaleza** del suministro hay dos tipos:

■ **Proveedores de materiales.** Su suministro se centra en productos necesarios para el proceso productivo, como materias primas, embalajes, piezas, conjuntos incorporables, etc.

■ **Acreedores por prestaciones de servicios.** Suministran todo tipo de servicio necesario para llevar a cabo la producción.

Según la **relevancia** del producto o servicio suministrado:

■ **Proveedores críticos.** Proporcionan todos los productos o servicios que son necesarios para la producción o prestación del servicio objeto de la empresa. La falta de suministro de dichos elementos pararía inmediatamente el proceso productivo.

■ **Proveedores no críticos.** Aportan productos o servicios necesarios para la empresa pero sin tener carácter de urgente, ya que no se usan directamente en el proceso productivo.

 Ejemplo

Para empresas editoras los proveedores críticos suministrarían las materias primas, como el papel, cartón, pegamento o plástico. Los proveedores no críticos facilitarían el servicio de limpieza o la mensajería externa.

7. Histórico

Ya se ha estudiado que los presupuestos constituyen plasmaciones de la actividad prevista de la empresa con el fin de organizar la producción. Sin embargo, esta no es la única utilidad, ya que los presupuestos constituyen fuentes de retroalimentación para el diseño de presupuestos y predicciones futuras. Gracias al registro de presupuestos durante un periodo de tiempo más o menos largo se puede observar la tendencia de cualquier variable presupuestada.

Actividades

11. Comente si es adecuado y factible el uso de históricos para productos nuevos.
12. Averigüe qué ventajas en costes aporta el uso de históricos frente a estudios de mercado.

Dichos registros son muy útiles para predecir la demanda futura, la estacionalidad de la producción, el lugar de compra, la necesidad de mano de obra y el momento de las compras de suministros.

Los estudios de mercado y la labor del departamento de *marketing* son fundamentales para predecir la demanda, pero también lo es el histórico de ventas disponible en la empresa. Cuando se estudian varios años puede observarse el comportamiento que han tenido los clientes frente a determinados productos. La empresa hace lo posible para incrementar el nivel de ventas pero probablemente se repetirán ciertos parámetros, como los meses de mayores ventas o el lugar de compra. El conocimiento de estos parámetros (estacionalidad y lugar de compra) determinará la organización de la mano de obra para esos meses y la distribución.

A continuación, se puede observar un ejemplo detallado.

Manual "Contabilidad de costes"								
2021			2022			2023		
Entes públicos	Librerías	Total	Entes públicos	Librerías	Total	Entes públicos	Librerías	Total
Enero	123	122	245	124	204	328	145	234	379
Febrero	104	324	428	107	356	463	123	349	472
Marzo	102	254	356	95	243	338	97	200	297
Abril	30	45	75	32	47	79	32	23	55
Mayo	23	45	68	60	47	107	23	22	45
Junio	14	21	35	12	22	34	10	12	22
Julio	13	67	80	12	70	82	6	21	27
Agosto	45	67	112	12	68	80	2	7	9

Continúa en página siguiente >>

<< Viene de página anterior

| | Manual "Contabilidad de costes" | | | | | | | | |
| | 2021 | | | 2022 | | | 2023 | | |
	Entes públicos	Librerías	Total	Entes públicos	Librerías	Total	Entes públicos	Librerías	Total
Septiembre	67	89	156	89	78	167	12	7	19
Octubre	21	40	61	69	34	103	2	3	5
Noviembre	12	23	35	12	33	45	2	4	6
Diciembre	4	6	10	8	6	14	3	6	9
TOTALES	558	1103	1661	632	1208	1840	457	888	1345

La tabla muestra las ventas en unidades del manual "Contabilidad de costes" en los tres últimos años. Los datos están representados por meses y canal de distribución: librerías o venta a organismos públicos (universidades y centros de estudios).

A simple vista, las ventas son mayores en los meses de enero, febrero y marzo, para volver a repetirse el proceso durante septiembre en menor medida. En el siguiente gráfico se puede observar mejor esa tendencia.

Distirbución de ventas por meses

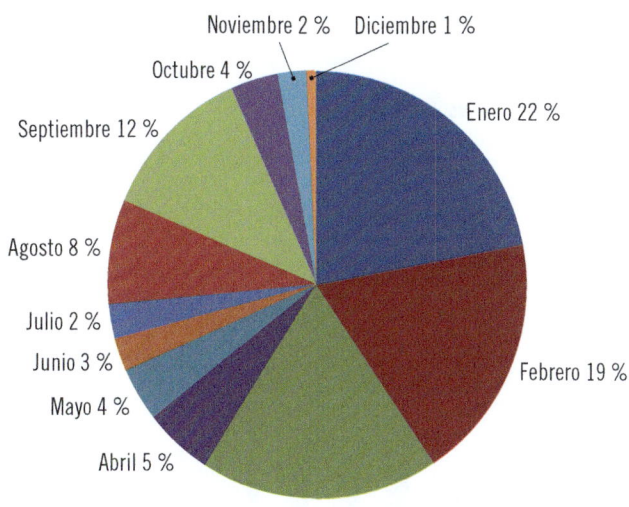

La tendencia también se puede acotar más aún considerando solo las ventas a entes públicos por meses, donde además se observa un incremento de ventas totales por este canal de distribución.

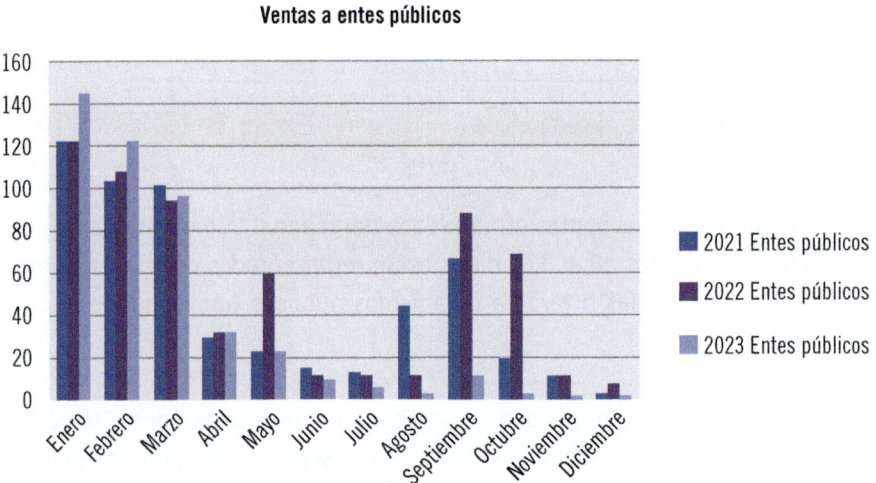

Ventas a entes públicos

Si solo se tienen en cuenta las ventas en librerías, se observa la misma tendencia, aunque las ventas totales decaen progresivamente en este canal de distribución.

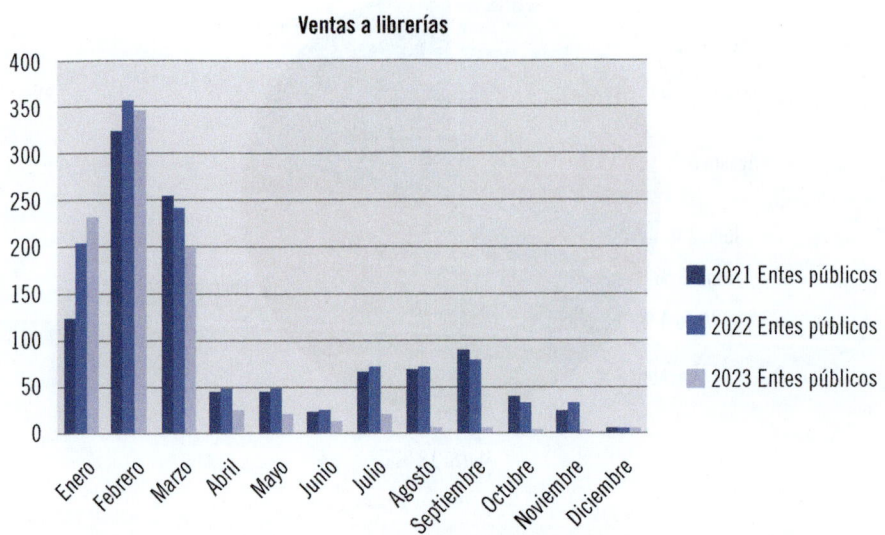

Ventas a librerías

8. Resumen

El control presupuestario es un proceso de comprobación de los objetivos previstos en los presupuestos. Su ejecución consta de varias etapas: comparación de resultados, identificación de diferencias, detección de desviaciones, aplicación de medidas correctoras y seguimiento del proceso de control.

Pero para que el proceso de control sea satisfactorio, la empresa debe cumplir una serie de premisas. Los presupuestos deben reales y factibles, el personal encargado del control debe conocer bien su posición y función y el sistema de información y retroalimentación de la organización debe ser eficiente.

Las desviaciones encontradas deben ser calculadas y analizadas. El cálculo definirá si la desviación es favorable o desfavorable para la empresa, mientras que el análisis determina el origen de la desviación y propone posibles soluciones.

Deben hacerse tantos cálculos y estudios como cambios encontrados durante la fase de comparación de todos los presupuestos: compras, ventas, mano de obra, costes de amortización y cualquier otro que haya estimado la empresa.

Los estados previsionales presentan la misma estructura y funciones que los principales estados contables, y son cuenta de resultados, balance y presupuesto de tesorería. Una vez efectuados a partir de las previsiones de ventas y compras, la empresa puede realizar estudios previos de rentabilidad.

Los ratios más relevantes son el de rentabilidad económica, que mide la rentabilidad de los activos, y la rentabilidad financiera, que evalúa la rentabilidad del accionista o de los capitales propios. En ambos casos, la rentabilidad será mayor cuanto mayor sea el porcentaje.

El umbral de rentabilidad es el nivel de ventas o unidades vendidas necesario para cubrir costes y empezar a obtener beneficio. La empresa tiene que llegar a este nivel para que el resultado sea neutro aunque siempre va a buscar superarlo en la mayor medida pues es donde obtiene las ganancias.

Los históricos de presupuestos constituyen una fuente de información muy valiosa para efectuar presupuestos futuros. Normalmente los parámetros de compra futuros, como la distribución o la estacionalidad, pueden ser previstos estudiando la tendencia de esas variables en años anteriores.

Ejercicios de repaso y autoevaluación

1. **Indique si las siguientes frases son verdaderas o falsas:**

   a. El control presupuestario solo afecta a la localización de desviaciones y no a su solución.

   ☐ Verdadero
   ☐ Falso

   b. Los estados previsionales son útiles para hacer estudios previos de la rentabilidad económica y financiera esperada.

   ☐ Verdadero
   ☐ Falso

   c. No es necesario estudiar el motivo de las desviaciones favorables ya que son positivas para la empresa.

   ☐ Verdadero
   ☐ Falso

2. **La finalización de contratos con proveedores...**

   a. ... siempre implica una desviación.
   b. ... puede ocasionar una desviación si los pedidos no son suministrados.
   c. ... es una desviación favorable.
   d. ... siempre implica un nuevo contrato con los mismos.

3. **Las desviaciones en costes de amortización...**

   a. ... nunca son posibles pues las cuotas se calculan según criterios fijos.
   b. ... no son habituales pero pueden producirse si la amortización se realiza según el número de unidades elaboradas.
   c. ... están ocasionadas por finalización de contratos con proveedores.
   d. ... están ocasionadas por descensos en la cuota de mercado.

4. **Los estados previsionales son:**

   a. Tres: balance anual, estado de cambios en el patrimonio neto y cuenta de resultados.
   b. Dos: balance anual y cuenta de pérdidas y ganancias.
   c. Tres: balance previsional, cuenta de resultados previsional y presupuesto de tesorería.
   d. Tres: balance, cuenta de pérdidas y ganancias y estado de flujos de efectivo.

5. **¿Cuál de las siguientes frases es correcta?**

   a. El umbral de rentabilidad siempre viene expresado en unidades físicas.
   b. El umbral de rentabilidad siempre viene expresado en cantidad total de facturación.
   c. El umbral de rentabilidad determina el nivel de ventas necesario para cubrir costes y empezar a obtener beneficio.
   d. Todas las respuestas anteriores son incorrectas.

6. **¿Cuál de las siguientes frases es correcta?**

   a. La rentabilidad financiera tiene en cuenta la estructura de deuda y de capitales propios en la empresa.
   b. La rentabilidad financiera es la rentabilidad de los fondos propios o de los accionistas.
   c. La rentabilidad económica mide la rentabilidad de las inversiones en activos realizadas en la empresa.
   d. Las respuestas a y b son correctas.

7. **¿Cuál de las siguientes frases es correcta?**

   a. El orden de prioridad de factores para elegir al proveedor es: precio, calidad y servicio.
   b. La elección de los proveedores es siempre personal aunque existen factores comunes que ayudan a hacer la elección.
   c. El precio es el factor más determinante en la elección del proveedor ya que los precios bajos hacen más competitiva a la empresa.
   d. Las respuestas a y b son correctas.

8. **El descuento por volumen o rappel...**

    a. ... establece precios más bajos de los habituales por adquirir ciertos productos o paquetes.
    b. ... puede ser acumulativo, donde se tiene en cuenta el volumen de compras anteriores.
    c. ... tiene por origen el pronto pago.
    d. ... se producen al inicio de la temporada.

9. **¿Cuál de las siguientes frases es incorrecta?**

    a. Los proveedores de materias primas no son críticos.
    b. Los proveedores no críticos aportan productos o servicios no imprescindibles para la actividad.
    c. Los acreedores por prestaciones de servicios facilitan todo tipo de servicios precisos para llevar a cabo la producción.
    d. Los acreedores por prestaciones de servicios pueden ser proveedores críticos.

10. **¿Cuál de las siguientes frases es correcta en relación a los históricos de presupuestos?**

    a. Son útiles para hacer futuros pronósticos.
    b. Sirven para estudiar la tendencia en la venta de productos.
    c. Constituyen una importante fuente de retroalimentación sin costes adicionales, como son los estudios de mercado u otros procesos análogos.
    d. Todas las respuestas anteriores son correctas.

11. **Indique las etapas del proceso del control presupuestario.**

    _____
    _____
    _____
    _____
    _____

12. Señale las diferencias que existen entre los proveedores críticos y los no críticos.

_____

_____

_____

_____

13. Localice en el siguiente gráfico el punto de equilibrio, la zona de beneficios, la de pérdidas, el nivel de coste total, el de costes fijos y el de ventas.

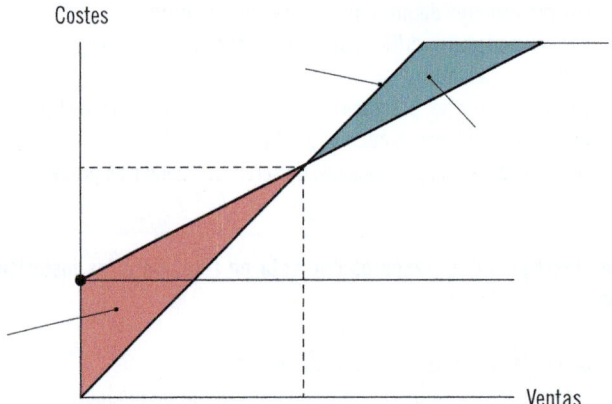

14. La cuenta de resultado y el balance previsional de una empresa arrojan los siguientes datos:

- ▌ Resultado de la explotación (BAII)= 35181
- ▌ Resultado del ejercicio (BN)= 25636
- ▌ Activo total= 101632
- ▌ Capital social= 60000
- ▌ Reservas= 1200

¿Cuál es la rentabilidad económica esperada?

a. 26 %.
b. 3,46 %.
c. 34,61 %.
d. 17,34 %.

15. Teniendo en cuenta los datos anteriores, ¿cuál es la rentabilidad financiera esperada?

    a. 41,88 %.
    b. 58,22 %.
    c. 41,96 %.
    d. 30 %.

Bibliografía

Monografías

▌AMAT, O. y SOLDEVILLA, P.: *Contabilidad y gestión de costes*. Barcelona: Profit Editorial, 2019.

▌BLANCO Ibarra, F.: *Contabilidad de costes y analítica de gestión para las decisiones estratégicas*. Bilbao: Deusto, 2003.

▌BLYTHE, J.: *Principles & practice of marketing*. EE. UU.: Cengage Learning, 2009.

▌BRASSINGTON, F. y PETTITT, S.: *Principles of Marketing*. UK: FT Prentice Hall, 2000.

▌Federación de gremios de editores de España: *Comercio interior del libro en España*. Madrid, julio 2023.

▌Federación de Gremios de Editores de España, *Informe sobre el sector editorial español*, 2022.

▌Federación de Asociaciones Nacionales de Distribuidores de Ediciones: *Informe sobre la industria de las publicaciones periódicas. Situación actual, tendencias, impacto social y económico en España en el contexto europeo*. Universidad de A Coruña, 2020.

▌FERNÁNDEZ Moya, M.: *La internacionalización del sector editorial español*, (1898-2014). Universidad Complutense de Madrid, 2015.

❚ JOBBER, D y ELLIS-CHADWICK, F.: *Principles and practice of marketing.* EE. UU.: McGraw-Hill Education, 2016.

❚ GALÁN Pérez, J.M.: *Análisis estructural del sector editorial español.* Salamanca: Fundación Germán Sánchez Ruipérez, 1986.

❚ MUÑIZ, L.: *Control presupuestario: planificación, elaboración y seguimiento del presupuesto.* Barcelona: Profit Editorial, 2009.

❚ Observatorio de la lectura y el libro, Ministerio de Educación, Cultura y Deporte: *El sector del libro en España.* Madrid, abril 2018.

❚ REQUENA Rodríguez, J. A. y VERA Ríos, S.: *Contabilidad interna (contabilidad de costes y de gestión): cálculo, análisis y control de costes y resultados para la toma de decisiones.* Barcelona: Ariel, 2009.

❚ SÁEZ Torrecilla, A., FERNÁNDEZ Fernández, A. y GUTIÉRREZ Díaz, G.: *Contabilidad de costes y contabilidad de gestión.* Madrid: McGraw-Hill/Interamericana, 2009.

Textos electrónicos, bases de datos y programas informáticos

❚ Confederación Española de Gremios y Asociaciones de Libreros, de: <https://www.cegal.es/>.

❚ Federación de Asociaciones Nacionales de Distribuidores de Ediciones, de: <https:// www.fande.es/>.

❚ Federación Española de Cámaras del Libro, de: <https://www.fedecali.es/>.

❚ UNESCO, de: <https://www.unesco.org/>.

❚ Instituto Nacional de Estadística, de: <https://www.ine.es/>.